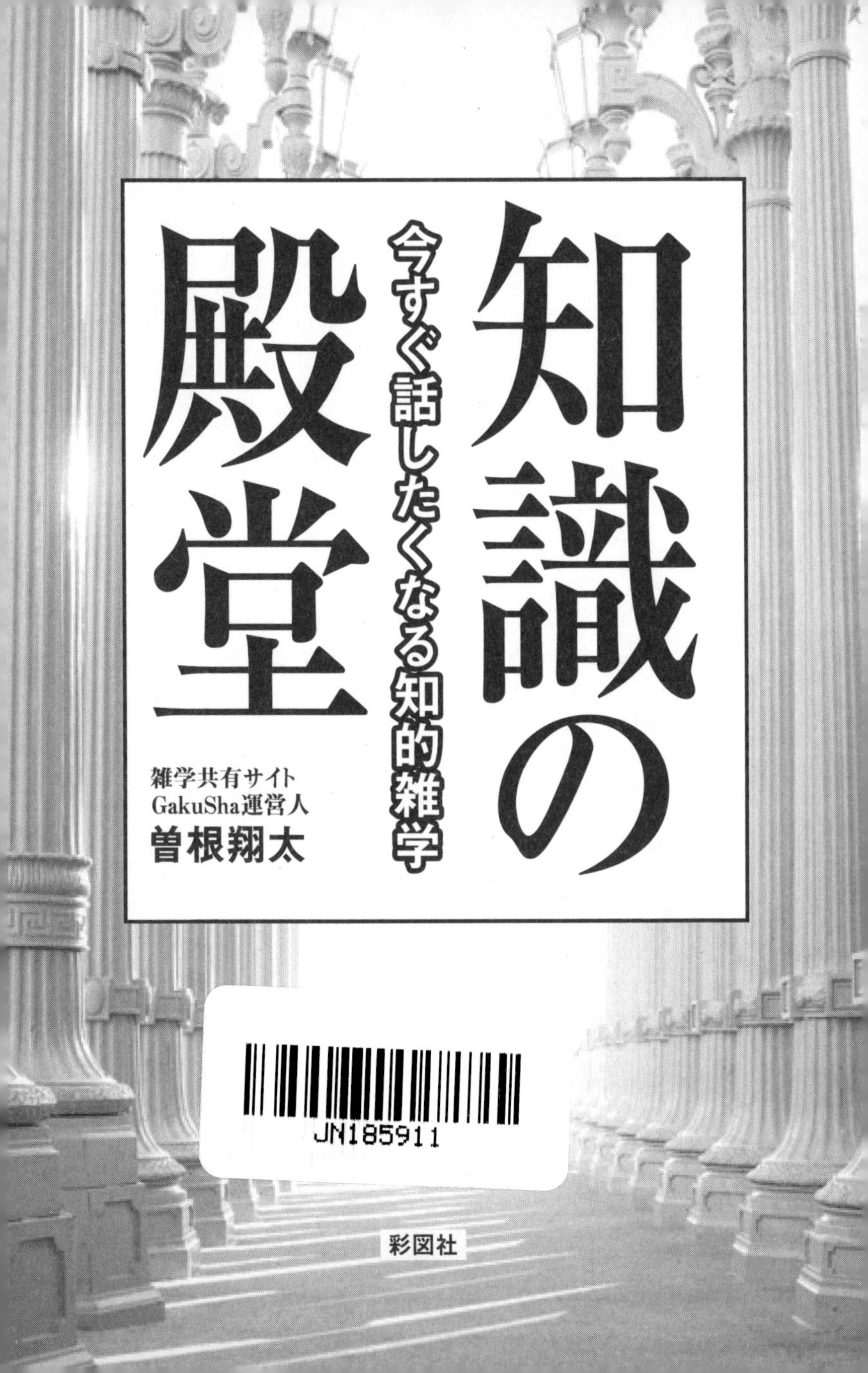

知識の殿堂

今すぐ話したくなる知的雑学

雑学共有サイト
GakuSha運営人
曽根翔太

彩図社

はじめに

かの有名なイギリスの哲学者、フランシス・ベーコンは言いました。「知識は力なり」と。この言葉には読んで字のごとく「知識は自身の力になる」という意味とは別に、「経験によって得た知識を、いかにして実践的に使用することができるのか」という意味が込められています。

雑学も同様です。実際には生きていく上で何の役にも立たないと思われている情報群、それが雑学の分野とも言えるでしょう。しかしその雑学をどのように使うかは人それぞれです。

それでは「雑学とは何なのか」と聞かれることが多いのですが、私の考える雑学とは、学校で習うような勉強の分野から、普段の生活の何気ない疑問まで、ジャンルは問いません。雑多な学問と書いて雑学なのです。大切なのはその情報を話したときに「なるほど！」と思わせられるか否かではないかと結論付けています。

『マンホールのフタが丸い理由』『航空機トラブルの最終手段』『なぜペットボトル入りの牛乳

が発売されないのか』『ごはんとライスの違い』『ゴリラの意外すぎる弱点』など、この本では、モノの起源、発祥、由来、アレとコレの違いや、生き物のまさかの生態、生活の上で役立つちょっとした裏ワザまで、森羅万象のありとあらゆる知識を厳選して詰め込んでみました。まさに雑学の塊といえる一冊です。

普段の話のネタに困っている人、トーク力を上げたい人、飲み会やデートなどで知識を披露したい人、知識を吸収したいけど様々な文献をみるのが面倒な人、モノの本質や奥深さを知りたい人、そして純粋に「なるほど！」と思いたい人まで。

この一冊を読み終える頃にはあなたは立派な知識人です。当たり前に感じていたことも、斜め上の視野から見ることで、別の面があることに初めて気付かされる。そうした驚きの体験を連続して得ることができるでしょう。

その知識を他人にひけらかすだけではなく、その知識をもとに世の中の見え方を変えようではありませんか。これで初めて「知識は力なり」の言葉の意味を実感できるはずです。さあ、知識の殿堂の扉を開いていきましょう。

今すぐ話したくなる知的雑学

知識の殿堂　目次

第2章 乗り物の雑学

第3章 食べ物の雑学

第4章 言葉の雑学

第5章 生き物の雑学

第6章　スポーツ・文化の雑学

第7章 人体の雑学

第1章 身の回りの雑学

一円玉はつくればつくるほど赤字になる

temple of wisdom
No.1

国内において最も製造数の多い硬貨である一円玉。2014年には1億6000万枚もの一円玉が製造されました。この一円玉、実は**1枚製造するにあたり、約3円の費用がかかる**のです。「約3円」と表記したのは、材料であるアルミニウムの価格の変動によって製造コストが大きく変化するからです。

いずれにせよ、1枚の製造に約3円がかかるとなると、差し引き**約2円の赤字**となるので、国はかなりの赤字を負担しているのです。

なお、必要な一円玉の流通量に応じて、製造される枚数も大きく変わります。消費税が5％の時代では、端数が0または5円になることが多かったため、硬貨の需要が激減し、製造量も減少しました。最も製造が少なかった年ではおよそ800万枚と、2014年時の10分の1にすら満たないほど製造量が抑えられていたのです。2010年を過ぎると、電子マネーの普及に伴い硬貨自体の流通量が減少。2011年から2013年なかばまでの間で、一般流通用の一円玉は一枚も製造されなかったのです。

2014年4月から消費税が8％に引き上げられたことに伴い、一円玉の需要が高まることが予想され、2013年なかば頃からようやく製造が再開されました。

プラスチックでできた紙幣がある

temple of wisdom
No.2

日本のお札は紙でできています。紙幣の偽造を防ぐために世界トップレベルの印刷技術を用いて、あらゆる偽造対策が施されています。

しかし世界では、紙幣の素材そのものに手を加えて、偽造対策を施している国が多々あります。

その名も**「プラスチック紙幣」**。名前どおりプラスチックでできた紙幣なのですが、厳密に言えばプラスチックを含んだ合成樹脂を使用しているため、**ポリマー紙幣**という名で広く知られています。

1988年にオーストラリアで導入されたのが始まりで、現在では世界20カ国以上で同技術を用いた紙幣が発行されています。中でもカナダの紙幣はデザインがとても綺麗で、紙幣の一部が透明になっており向こう側が透けて見えます。

それだけでなく、カナダの名産であるメープルの葉がデザインに用いられており、その部分をこするとメープルの香りが漂うという噂が流れました。しかしこの噂はデマで、実際には

10カナダドル。紙幣の偽造が発覚したことでプラスチック紙幣が導入された。

メープルのフレーバーなどは使用していないことをカナダ銀行が正式に公表しました。

それでもメープルの香りがするという意見も強いので、入手できた方は是非一度お試しください。

temple of wisdom
No.3

ガラスは固体ではなく液体

いたるところに使われ、日常生活にはなくてはならないガラス。完全な固体のように感じられますが、ガラスが液体であるというのはどういうことなのでしょうか？

物理学上、全てのものは固体、液体、気体に分かれます。水という液体は氷点下以下で氷という固体になり、温度を上昇させると水蒸気という気体に変化するという具合です。

固体の定義を簡単に説明すると、「流動することのない物体である」と言えます。ガラスも決して流動することがないので、どうみても固体であるように思われますが、**熱力学という分野では、ガラスは液体**であるという扱いを受けます。

氷やダイヤモンドなどの鉱石、塩などの粒は固体ですが、顕微鏡で観察してみると、幾何学的な模様が格子状に並んでいるのがわかります。つまり結晶があるということです。

それに対して、ガラスは非晶質《ひしょうしつ》と呼ばれる固体で、結晶はなく、分子の並びはバラバラで不定形なのです。結晶を持つ物質は、ある一定の温度に達すると溶けて液体になる溶融点《ようゆうてん》がありますが、ガラスは熱すると徐々に柔らかくなっていく性質があります。このことから、ガラスは**「粘り気が極端に高くなり、流動しなくなった液体」**という考え方があるのです。

temple of wisdom
No.4

電子レンジで氷をチンしても溶けない

もはやなくてはならない家電製品の一つ「電子レンジ」。「チンする」という言葉も全国共通なのが面白いところです。どんなものでもすぐに温めてくれる優れものですが、冷たさの頂点とも言える氷をチンしてみるとどうなるのでしょうか？

まずは電子レンジがどのようにして物を温めるかの仕組みを理解しましょう。

電子レンジで温めを開始すると、マイクロ波という電磁波が発射されます。この電磁波が食べ物にぶつかり、食べ物の中に含まれている微細な水分子を激しく振動させます。その回数はなんと毎秒24億5000回というから驚きです。この運動エネルギーによって、食べ物の内部から熱が加わって温かくなる仕組みです。

氷は水の塊、つまり固体です。そのため、**振動させるための水分子がない**ので、氷の温度は上がることなく、全く溶けないのです。

　例えば表面が軽く溶けた状態で開始してみると、表面の固体から液体に変わった部分には水分子が含まれますので、そこから温かくなって氷を溶かし始めます。

　水と氷をそれぞれ別の器に入れて同時にレンジで温めたところ、水の温度は上がりお湯になりましたが、氷は全く変わることなく固体を保っていたという実験データがあるぐらいです。

　著者が実際に実験をしてみたところ、氷がレンジの電磁波で直接的に溶けているのではなく、皿や容器が熱くなってしまい、その熱で溶けていたようでしたが。実験の際は耐熱用容器など、熱くならない容器を使用したほうがよいでしょう。

水は0度で凍るとは限らない

temple of wisdom
No.5

理科の授業では、水は0度以下で氷という固体になり、温めることで気体になる液体だと教わります。しかし必ずしも**0度で氷になるとは限らない**のです。

　0度以下の水を過冷却水《かれいきゃくすい》と呼びます。過冷却水にチリのような不純物が含まれていたり、衝撃が加わることによって0度以下になるとあっという間に分子同士が結合し、氷になってしまうのです。

　逆に言えば、**不純物が全くなく、衝撃を絶対に加えない条件下であれば、水は氷点下でもしぶと**

く液体であり続けるのです。
さらに水の体積を小さくすればするほど、凍りにくくなります。あるデータによると、直径1ミクロンの水で、不純物を一切含まず、全く衝撃を加えないでおくと、マイナス40度程度までは液体であり続けることができるそうです。

temple of wisdom
No.6

魚は魚屋、肉は肉屋、なぜ野菜は八百屋？

近年ではスーパーやコンビニに押されて数が少なくなったものの、活気ある商店街になくてはならないのが魚屋に肉屋に八百屋でしょう。威勢のいい客引きの声が堪りませんね。しかし、なぜ野菜を扱う八百屋は野菜屋という名称ではないのでしょうか？

果物や野菜が流通する市場の事を青果市場と呼びますが、八百屋も青果物を扱うことから昔は**「青屋《あおや》」**と呼ばれていました。

この「青屋」の発音が時がすぎるにつれて崩れていき、「八百屋《やおや》」に変わったと言われています。

八百万《やおよろず》の神々という言葉があるように、**「八百」という言葉は「沢山の」といった意味があります。**

青屋の発音が「やおや」に変わったことに加え、沢山の品物を扱うことを表すために「八百」という漢字を当てたそうです。

食事の際に使用する道具で最も多いのは？

temple of wisdom
No.7

世界中で、多種多様な食事風景を見ることができます。日本では箸を使って食事をとりますが、世界的に見ると食事に使う道具の割合はどうなっているのでしょうか？

日本と同じく箸を使って食事をするのは、韓国・北朝鮮・中国・ベトナムの4カ国といわれ、世界人口に対する割合は30％です。たったの4カ国で30％も占めているのは、中国のおかげだといえるでしょう。

一方、ナイフとフォークとスプーンを使って食事をする国は、欧米諸国・ロシア・オーストラリアなどです。こちらも割合は箸と同じく30％ですが、では一体残りの40％は何を使っているのでしょうか。

残りの40％に含まれる国は、東南アジア・西アジア・中東・アフリカなどです。そうです、世界で最も多く使われている食事の道具は、**自身の手**なのです。

ちなみに、アジア圏の中でも、日本だけは特殊な食文化があります。それは一人に一つ、自分専用の箸と茶碗を持っていることです。例えば中華料理では、大皿に盛った料理をみんなでつついて食べています。一人ひとりに配られるお膳のシステムは日本独自であり、特殊な食文化といえるのです。

temple of wisdom No.8

缶飲料の飲み口は左右対称ではない

缶コーヒーに缶ビール、缶ジュースなど、様々な缶飲料が存在します。この飲み口の部分にアイディアがあることをご存知でしょうか？

ぱっと見ただけではわかりにくいのですが、缶飲料の飲み口は左右対称ではありません。なぜ左右非対称なのか。それは、左右非対称にすれば、プルタブを指で立てて開ける際に、切り口の端からグルリと回るような感じでフタが開いていくため、一方向から力が集中して作用し、**少しの力で開けることができる**からなのです。

逆に左右対称であった場合、缶のフタは全ての縁に対して力が分散してかかり、かなり強い力を込めないと開きません。また、開いた際の衝撃で中身が飛び出してしまったり、指を怪我してしまう危険もあります。このちょっとしたアイディアが、身近な生活を支えてくれているのです。

缶の飲み口。よく見ると左右非対称になっている。

temple of wisdom
No.9

ペットボトルの「ペット」の意味

飲料水から調味料、医薬品や化粧品などの容器として、様々なジャンルで幅広く利用されているペットボトル。耐熱性、耐寒性、耐薬品性など多様な耐性を持っており、まさに液体の保存容器としてはうってつけの入れ物です。昭和の大発明と呼べますが、ペットボトルのペットとはどのような意味なのでしょうか？

ペットボトルという名称は、海外で１９７０年代半ばに発見された石油由来の新素材「PET」からつけられています。日本では１９７７年にキッコーマンと吉野工業所が醤油の容器として開発したことがはじまりです。

ペットボトルの「ペット」は、飼育されている動物を意味する「pet」と同じスペルですが、もちろん**動物とは何ら関係はありません**。ペットボトルの英語表記は「PET bottle」です。全てが大文字ですので、省略文字であることがわかります。

このPETは、材料である「ポリエチレンテレフタレート（polyethylene terephthalate）」の省略文字のことなのです。

ちなみに**「ペットボトル」というのは和製英語**ですのでお気をつけて。英語圏では「プラスチックボトル」と呼ばれます。

temple of wisdom
No.10

食パンの袋に付いている四角い留め具の名前

スーパーなどで食パンを買った際、袋の留め具としてコの字型のプラスチックの留め具が付いています。一体名前は何というのでしょうか？

あの名前は**「バッグ・クロージャー」**といいます。直訳すると「袋をとめるもの」というそのままの名前です。

元々は、リンゴを出荷する際の袋をとめるものを作ってほしいという依頼を受け、作られました。開発されたのは1952年。アメリカのフロイド・パクストン氏の発明によるものです。

フロイド・パクストンはクイック・ロック社を創設し、この製品の特許を取得しました。日本にもクイック・ロック・ジャパンを設立。国内でバッグ・クロージャーを生産しているのはこのクイック・ロック・ジャパンのみであり、シェア率100％を誇ります。

クイック・ロック・ジャパンの工場で製作されたバッグ・クロージャーは全国へと出荷されますが、その数は**年間およそ26億個**だというから驚きです。

コンビニのお弁当コーナーが店の奥にある理由

temple of wisdom No.11

どのコンビニも、お弁当やドリンクのコーナーは店の奥にあり、中間にはお菓子やカップラーメン、入り口に近い場所には生活用品などが並んでいます。例外がないこの並びには、何かわけがあるのでしょうか？

例えばあなたがお店の店主だとしましょう。売上を上げるために、お客さんには少しでも多くの商品を見てもらいたいと思うはずです。

コンビニで売上が多いのはお弁当やドリンクです。このことから、**多くのお客さんは必然的に店の一番奥まで進むことになり、途中にある他の商品も目にとめる機会が多くなる**のです。

つまりコンビニの商品配列の仕組みは、客の衝動買いの心理を突いているのです。

コンビニの雑誌コーナーが窓側にある理由

temple of wisdom No.12

コンビニの入り口正面はガラス張りになっています。本棚の裏側を見せておくより、購買意欲をそそるような商品を並べておいた方が、全体の売上が上がる気がしないでもありません。むしろ、本が日焼けする可能性も考えられるのに、なぜ全てのコンビニは、雑誌コーナーを窓側に置いているのでしょうか？

そのからくりはズバリ、**集客効果**です。

人間は、既に人がいる店には入りやすいという心理的安心感を持っています。

そしてコンビニにおいてある雑誌は、全て立ち読みが可能になっています。

これにより自然と立ち読みをする客や、雑誌を物色する客が集まり、外から見れば中にお客さんがいることが確認でき、安心感を得られるというわけです。

temple of wisdom No.13

グラスをぶつけて乾杯する意味とは？

めでたい席では「乾杯！」といいながら、グラスをコツンと音をたててぶつけてから飲み始めます。特に意味のないように思えるこの行動も、実はちゃんとした理由から生まれていました。「乾杯」は**宗教的な儀式が起源**といわれています。乾杯のときに音が立つくらいグラスをぶつけると中の飲み物が飛び出して、他のグラスに入ってしまいます。これにより、お互いの飲み物の中には毒は入っていない、という信頼を持たせるための行為だったのです。これが世間に広まり、現在では祝の席、飲み会の席で健康や成功を祝して乾杯がされるようになりました。

temple of wisdom
No.14

つまようじの溝は何のためにある？

つまようじの持つ側に彫ってある一つ、または二つの溝。何のために彫られているかご存知でしょうか？一般的に広く知られているのは、この部分を折ることによって、箸置きならぬつまようじ置きになるということですが、この情報は間違いのようです。

製造過程において、機械にセットされたつまようじは高速回転をしながら先端が尖るように削られていきます。すると、**持つ側の木が焦げて黒くなり、見栄《みば》えが悪くなってしまいます。**それを目立たせなくするために飾り彫りを入れるのです。

それでも、衛生を保つためにつまようじ置きとして使ったりしても問題はないでしょう。

よく見ると、持つ側の端が黒っぽく焦げているのがわかる

temple of wisdom No.15

テーブルナイフの先が丸い理由

食事の際に使用するナイフは、どれも先が丸くなっています。その起源はまさかのものでした。包丁などと同様に、ナイフは先が尖っている方が食材を切りやすく、食べやすい印象がありますす。実は昔の洋食では、テーブルナイフは包丁と同様に、先が尖っていました。

先が丸くなったのは、1630年頃といわれています。その理由はテーブルマナーが悪い者たちを対処するためでした。

当時、公式の食事の場であっても、食後に尖ったナイフの先端部分で、歯を掃除する、つまりつまようじ代わりに使用するマナーの悪い者たちが多かったと言われます。

しかし、来客を叱りつけるわけにもいきません。そこでフランスのルイ13世は、ナイフの先端を丸くするように指示したのです。

この貴族の様式に習い、現在でも先を丸くしたテーブルナイフが使用されているのです。

錆ないステンレスは既に錆びている

temple of wisdom
No.16

高温に強く、錆びないことから水回りの配管に多様されるステンレス。ステンレスとは「ステイン（汚れ）」と「レス（無い）」の二つの単語を足した造語で、汚れがつきにくい、錆びにくいことから名付けられました。正式にはステンレス鋼といい、1900年初頭に開発されたといいます。

この錆に強いステンレスですが、実は**既に錆びている**のです。

そもそも錆とはどういったものなのでしょうか？　ほとんどの金属は大気中の酸素と結びついた状態で存在していますが、この酸素が問題です。例えば、鉄は酸素と結びついた鉄鉱石から作られます。しかしできた鉄は、再び酸素と結合して鉄鉱石の状態へと戻ろうとします。これが**金属の腐食**であり、錆が発生する原因なのです。

では、ステンレスが錆びにくいのはなぜでしょうか？　その理由は素材の違いを知ればわかります。ステンレスは合成金属です。50％以上の鉄と10・5％以上の**クロム**を混ぜて作られているのですが、このクロムが腐食を防ぐための耐食性に優れているため、ステンレスは錆びにくいのです。

その仕組みは次のとおり。鉄とクロムは、混ぜ合わせるとすぐに表面が酸化して錆が発生しますが、クロムの性質によって内部に錆を侵食する働きが止まります。これによって**非常に薄い膜が表面をコーティングしてくれる**のです。

そしてこのコーティングが、ステンレスの独特の光沢を発生させているのです。ピカピカと美しく見えるステンレスですが、実は錆とその侵食を防ぐクロムの力によってできているのです。

都市ガスは本当は全く臭いのしない無臭である

temple of wisdom
No.17

生活にはなくてはならない存在であるガス。ガスは鼻について嫌な臭いですよね。でも実は**都市ガスで使われるガスには本来臭いは全くしない**のです。

ガスが目に見えない気体であることは言うまでもありません。刺激物を含んでいるわけでもないので、目に染みたりもしません。

そんな中、ガス漏れが発生していたとしたらどうでしょうか。目にも見えない、臭いもしない、そんな室内に実はガスが充満している。料理でもしようとコンロに火を付けようとしたが最後、大爆発を起こしてしまいます。

そこで**ガスが漏れていた場合にすぐに異常に気付けるように、都市ガスには付臭剤として微量のチオールが添加されている**のです。このチオールの臭いは人間にとってとても不快な臭いのため、すぐに異常に気付けるというわけです。

ラッパのマーク以外にも正露丸はある

temple of wisdom
No.18

いざというときの常備薬として、腹痛や食あたり等による症状を改善してくれる頼もしい**正露《せいろ》丸《がん》**。そんな正露丸のルーツから、類似品とも思われる様々な正露丸が存在する理由についてをご紹介します。

正露丸といえば誰しもが聞いたことのあるだろうキャッチコピー「ラッパのマークの正露丸」が思い浮かびます。

このラッパのマークの正露丸とは大幸薬品が販売している正露丸のことですが、実際には富士薬品や常盤薬品など、**様々な薬品会社が正露丸を発売しています**。なぜこのようなことが起きているのか、順を追ってご説明しましょう。

正露丸はかつて日露戦争が勃発した際、戦場におもむく兵士に支給されました。正露丸の旧称は「征露丸」といい、「露（ロシア）を征する丸薬」として名付けられたのです。

そして終戦後、「征」の字が使われるのは好ましくないとの指導が入り、現在の「正露丸」に改名されました。

正露丸は大幸薬品の商標でしたが、１９７４年と２００８年の二度の裁判により、普通名称化との判決が下されました。普通名称化とは、その商品の商標としての効力を失い、一般的な名称としての扱いとなることを指します。つまり、**どの企業が商品名として使おうとも、お咎めがない**ことを指しています。

冒頭に述べたように、ラッパのマークの正露丸は大幸薬品の販売している正露丸であり、その他の企業が販売している正露丸は、ラッパのマークじゃない正露丸ということになるのです。

しかしながら、正露丸といえばやはりラッパのマークの正露丸が印象的です。そのCMに使われているラッパで奏でられるメロディーは、旧陸軍で使用されていた、食事の時間を知らせるための信号ラッパです。「食」を連想させ、日露戦争を連想させるという上手くできたCMで、視聴者の脳裏に正露丸を印象づけているのです。

サランラップの名前の由来

temple of wisdom No.19

食品の品質を保つためにどの家庭でも愛用されている「サランラップ」。元々は、**戦場で弾薬を湿気から守ることを目的として開発されました。**その後、ピクニックに行った二人の男性がレタスを包んで持っていったことがきっかけとなり、食品用ラップとしての開発に着手したのです。

このサランラップ、開発時から「サランラップ」という名称が与えられていたのですが、その由来は、開発者二人の妻、**サラとアンの名前を合体させた**という意外なものなのでした。

コンセントの差込口は左右で長さが違う

temple of wisdom
No.20

何百回も何千回もプラグを差し込んでいるはずなのに、ほとんど見向きもされない。コンセントの差込口からしてみたら寂しい話です。

差込口を見てみましょう。**左の穴が長く、右の穴は短くなっています**。寸法は左は9ミリメートルで右は7ミリメートル。

右側の短い穴は「電圧側」といい、100Vの電圧がかかっており、こちら側から電流が流れます。

一方の左の長い穴は「接地側」といい、アース線と繋がっています。アースは直訳で地球、すなわち地面と接地しており、コンセントの電圧に耐えられないような大きな電気が流れた際に、その電気を地面に逃がす働きをしてくれます。

通常の電化製品であればどちらの向きで差し込んでも問題はありません。

ただし高級なオーディオ機器などは、コンセントの向きが指定されているものも存在します。プラグ自体の大きさが7ミリメートルと9ミリメートルで分かれていれば間違うことはありませんが、違いがないものもあります。そのような場合はコンセントに目印があるか、説

左の方が右の差込口より長い

明書きが記載されています。
ただし必ずその方向で差し込まないと動作しないわけではありません。電流は流れますので製品自体は動いてくれますが、品質の向上であったり、故障しないようにという理由で、向きが指定されているのです。

錆びついたネジを簡単に外す方法

temple of wisdom
No.21

経年による劣化で錆びついてしまったネジ。無理にドライバーで外そうとしても、固くて簡単に外れてはくれません。場合によってはネジの頭が潰れてしまい、どうしようもなくなってしまうことも。このネジを簡単に外す方法があることをご存知でしょうか?

使用するものは**アイロン**一つだけ。まずは錆びたネジの上からアイロンを3分ほどかけましょう。するとネジが膨張します。次に冷めるまで待ちましょう。膨張していたネジが収縮し、ネジと固定面の間に隙間が生じます。

これでも固く感じる場合は、ネジの頭の部分をハンマーなどで叩くことで、さらに外れやすくなります。あとはゆっくりと、普通にネジを外す感覚でドライバーを回して下さい。驚くほど簡単にネジが外れるはずです。

体脂肪計はどうやって数値を測っているのか

temple of wisdom
No.22

最近の体重計は体脂肪の他にも、筋肉量や体年齢など様々な数値を測定することができます。しかし、そもそも体重の割合のうち、脂肪がどのくらいあるかなんてどうやって測るのでしょうか？

その秘密は**「電気」**にあります。体脂肪計の乗る場所は、多くが銀色の板のようになっていますね。ここから**非常に微力な電気が放出され、体内を駆け巡ります**。微弱な電気のため、人間の体では電気を感じることはありません。

筋肉や血管など水分の多い組織は電流を通しやすく、逆に脂肪は電気を通しにくい性質を持っています。この電気抵抗の数値をもとに計算が行われ、体脂肪率が算出されているのです。電気抵抗が大きければ脂肪が多いという具合です。

この方法は**BI法**（Bioelectrical Impedance）（生体インピーダンス法）と呼ばれており、企業はこの技術を体重計に採用しているのです。

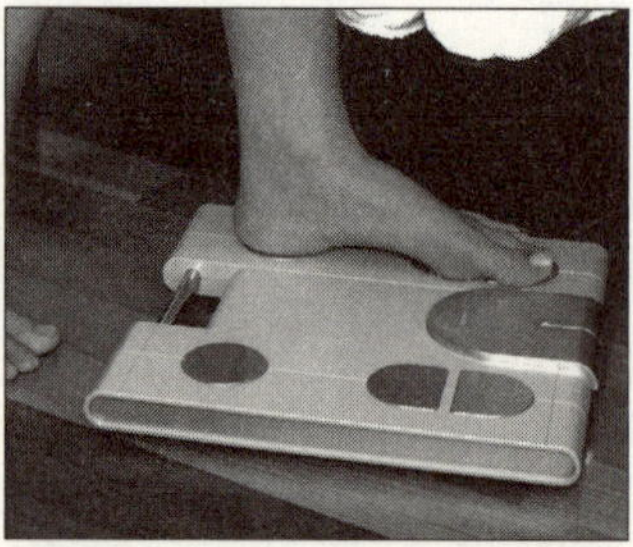

(©Copyright Images are generated by Distec International and licensed for reuse under this Creative Commons Licence)

temple of wisdom
No.23

貯金箱といえばブタの形！ その発祥は？

貯金箱を絵で描いてくださいと頼むと、多くの人はブタの形をした貯金箱を描くことでしょう。一体いつからこのイメージが定着したのでしょうか？

ブタの貯金箱の発祥の地は、ヨーロッパです。昔のヨーロッパでは、食器やツボなどを作る際に、**ピッグ（Pygg）**という粘土で作っていました。この粘土で作られたお金を保管しておくための入れ物を「ピッグの貯金箱」と呼んでいました。

そして問題のブタの貯金箱が誕生したのは19世紀のイギリスでのこと。**「ピッグ（Pygg）の貯金箱を作って欲しい」といわれた陶芸職人が、「ブタ（Pig）」と勘違いしたことから生まれた**のでした。

これが意外にも定番となり、現代に受け継がれ続けているのです。

乾電池の単○電池の「単」ってどういう意味？

temple of wisdom
No.24

乾電池には単3電池や単1電池など複数の種類がありますが、先頭についている「単」は何を意味しているのでしょうか？

まずは電池の仕組みをご説明します。電池の中には電解液と呼ばれる電気の元が入っています。昔は液体またはゲル状の電解液を使っていたため、液漏れが発生することがありました。そこで電解液を石膏で固めて液漏れがしない電池の開発がされます。今までの電池と違って電解液が漏れないところから、**「漏れない＝乾いた」電池ということで、「乾電池」**と名付けられたのです。

では、本題の単○電池の「単」は何を意味するのでしょうか？ **「単」とは「単位電池」の略で**す。昔の電池は強い電力を必要とする場合、複数の電池を一まとめにして作られていました。「9V電池」として販売されている長方形の電池の中にも、実は単3電池が4本入っていたりします。このような電池を「積層電池」と呼びます。

一方、単位電池は、一つの電池でできていることを意味しています。「単」に続く数字は電池の大きさを表しており、単1～単6まで存在し、数字が大きい方が容量が大きいた

9V電池。中に複数の電池が入っている。

め、パワーが強いといえます。

ちなみに、「単○電池」という単位は日本独自のものであり、アメリカや国際規格ではアルファベットや記号などで呼ばれます。

temple of wisdom No.25

うるう年ならぬ「うるう秒」が存在する

4年に一度、オリンピックと同年度に訪れる「うるう年」は有名ですが、実は**「うるう秒」**もあることはご存知でしょうか？　このうるう秒は2015年にも導入されました。

現在は原子時計という超高精度の機器が開発され、地球の自転から計算して正確に1秒の長さを算出し、365日を計ることができます。しかし、地球の自転速度が常に一定ではないことから、原子時計と自転時刻との間で非常に微々たる差が生じてしまいます。

この誤差が**0・9秒以上**開くと予想されたときに、うるう秒が挿入されるのです。

2015年より以前の調整日は2012年。2015年は、世界時刻で2015年の7月1日23時59分59秒の直後にうるう秒として23時59分60秒が追加されました。日本時間ではおよそ午前9時前のことでした。

temple of wisdom No.26

記念日は誰でも簡単に制定できる

世の中には数多《あまた》の**記念日**が制定されています。この「記念日」というもの。**誰でも簡単に制定することができる**のを知っていますか？

実は記念日を管理している団体が存在し、団体から認可を受けることで公に「この日はこの記念日である」と言うことができるのです。管理しているのは一般社団法人の「日本記念日協会」。現在では1400件を超える記念日が登録されています。

申請するためには、日本記念日協会から申請書をもらう必要があります。これは団体のウェブサイトからでもダウンロードすることが可能です。記念日の名前、由来などの必要事項を記入したうえで、日本記念日協会の審査会を通過すれば、晴れて記念日の設立となります。

企業が何らかの商品をPRする目的や、知名度を上げたい、認知度を高めたいといった目的で申請することが多いようですが、個人での登録ももちろん可能です。しかし登録料として10万円の料金がかかってしまうので、個人での申請はなかなか手が出せないかもしれません。

記念日には少なからずそれを材料として世間に出来事や物事を広める力があります。例えば世間に全く認知されていない病気の記念日を制定し、認知度を広めようという運動があります。認知度が広がれば一般の人のみならず、医師に対してもそのことが知られ、病気を治すための新しい意見や研究が始まるかもしれません。

こういった活動が少なからず行われているため、たかが記念日と侮ってはいけないのです。

しかし、「確か今日はあの記念日だよね？」と思っていても、実はその記念日は既になくなってしまっている可能性もあるのです。

例えば「記念日を制定した企業が倒産してなくなった」「PRのために記念日を制定し、十分な効力を得たので撤廃した」などの理由です。

記念日が無事に登録されたからといって、絶対に未来永劫に残るとは限らないということ。

日本記念日協会のウェブサイトでは、登録されている全ての記念日を検索することができます。是非、面白い記念日を見つけてみてください。

母の日に渡してはいけないあるカーネーション

temple of wisdom No.27

日本では5月の第2日曜日に祝う「母の日」ですが、国によっては第1日曜日だったり、最終日曜日だったりします。そんな母の日の定番のプレゼントと言えば、やはりカーネーションでしょう。しかし注意してください。**決して贈ってはいけないカーネーションがある**のです。

花には必ず花言葉が存在し、その花がどんな意味を持っているのかが決められています。どのカーネーションにも共通した花言葉は、「女性の愛」や「純粋な愛情」といったもの。

しかし、それに加えて、色によって異なる花言葉もあるのです。

赤は「母の愛」「熱烈な愛」。白は「尊敬」「亡き母へ」。ピンクは「感謝」「上品」。オレンジは「純粋な愛」「あなたを愛する」。そして**黄色は「軽蔑」「嫉妬」**。

母への感謝とは真逆の花言葉ですので、花選びは慎重に行いましょう。

一日の長さが44時間の時代が訪れる

temple of wisdom
No.28

一日の長さが24時間であることは当然のことです。しかし、今から45億年前に地球が誕生したときには一日の長さはわずか5時間しかありませんでした。なぜ5時間しかなかったのかがわかるのでしょうか？ それは**現在でも徐々に一日の長さが伸びている**からです。

といっても、これはごくわずかな期間ではなく、**10万年かかって一秒の遅れが生じる**というもの。これを逆算してみると、45億年前の一日の長さが算出できるというわけです。

なぜこのようなことが起こるのでしょうか。

それは**月と地球の関係性**に注目するとわかりま

す。月の引力によって潮の満ち引きが起こりますが、この際に海底で摩擦が起こり、地球の自転にブレーキをかけているのです。

地球の寿命は残り50億年と言われていますが、その頃には一日の長さが44時間になると想定することができます。

土星の環が消えることがある!?

temple of wisdom No.29

太陽系で6番目の惑星であり、2番目に大きな惑星である土星。なんといってもその特徴は、惑星の周りを囲む環《わ》であるといえるでしょう。なんと**この環が消えてしまうことがある**というのです。

土星の環は数センチメートル～数メートルにも及ぶ氷の粒が集まって形成されています。その幅はなんと4万5000～6万キロメートルにもなるというから驚きです。ちなみに日本列島は約3000キロメートルですので、いかに巨大な天体であるかが分かるでしょう。

しかし、環の厚さは非常に薄く、最も厚いところでも500メートルにも満たないと言われます。ちなみに、あまり知られていませんが、土星の環は3重構造になっています。

では、こんなに巨大な土星の環が消えてしまうことがあるとはどういうことなのでしょうか?

土星は約30年周期で太陽の周りを一周します。

このとき**地球から見た土星は、15年周期で環が徐々に傾いていく**のです。そしてある日、環を真横から見られることがあり、あたかも環が消失してしまったかのように見えるのです。これが**「環の消失現象」**と呼ばれる現象です。

ちなみに、この現象を初めて望遠鏡で観察したのは、かのガリレオ・ガリレイでした。

temple of wisdom
No.30

太陽が宇宙で燃え続けることができる理由

普段は何気なく火器を扱っていますが、地球上で火をおこすためには酸素が必要不可欠です。

では宇宙には酸素がないにもかかわらず、なぜ太陽は宇宙で燃え続けることができるのでしょうか？　表面温度が約6000度、内部にいたっては約1000万度もあるというのに、酸素は必要ないのでしょうか？

そもそも、**太陽は水素原子の集合体**です。小さな水素原子同士がぶつかり合うことで重水素が生まれ、この重水素同士がぶつかり合うことでヘリウムを発生させます。この化学反応を**「核融合反応」**というのですが、この際に莫大なエネルギーが発生するのです。

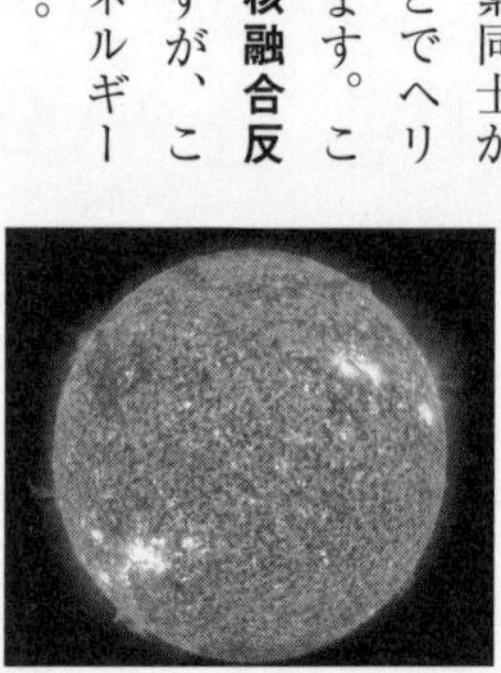

もちろん水素原子が尽きれば太陽はエネルギーを発生させることができなくなり、死滅してしまいます。太陽が生まれてから46億年が経ったといわれていますが、**その寿命は１００億年**と推測されています。人類の寿命は最長でも太陽と同じく54億年と考えて間違いないでしょう。

temple of wisdom
No.31

赤外線は赤くない

赤外線というと温かなイメージがあります。コタツやヒーターなど、赤外線が使われている暖房器具はたくさんあります。ボワーっと光るオレンジ色に近い赤は、なんとも温かな感じが伝わってきますが、**実際の赤外線は赤くはありません**。

光は人間の目に波長として届きます。人間が見ることのできる波長で最も長い色が赤色で、これよりもさらに長い波長を持ち、電波よりも波長の短い電磁波のことを「赤外線」と呼びます。つまり**赤色よりも波長が長い赤外線は、人間の目には色として認識することはできない**のです。

ではなぜ赤外線と名の付く商品は赤色の光を放つのでしょうか？　それは人間が心理的に**「赤は温かい色」**と思い込んでしまうところにあります。この心理効果を与えるために、赤外線にはわざと赤色の波長が付け加えられているのです。

しかし、テレビのリモコンやセキュリティのための赤外線センサーなどは、温かなイメージを与える必要がないため、加色がされておらず、人間の目で見ることができないのです。

花粉予報はアナログな方法で測定されている

temple of wisdom No.32

3月は、暖かな陽気に季節が変わりつつある時期です。寒いのが苦手な方には嬉しいものでしょうが、花粉症の方にとっては一番嫌な時期なのではないでしょうか。

毎年、「今年の花粉の様子は～」とアナウンスされますが、この予報データがどのようにして作られているかご存知でしょうか?

そもそも花粉とは、スギやヒノキなどの種子植物のおしべから出る粉状の細胞のことで、一つの細胞の大きさは0・01ミリメートルという小ささです。この花粉が人体の目や鼻などの粘膜に触れると、くしゃみや鼻水などの症状を引き起こす可能性があります。これが花粉症です。

この花粉の量などを予測する方法として現在でも多く使われる測定方法が**「ダーラム法」**です。これは1平方センチメートルに対して、何個の花粉があるかによって、花粉濃度を予報する方法です。

ダーラム法がどのように行われるかというと、これが実にアナログ。ワセリンを塗ったプレパラートで空中にある花粉を回収し、**顕微鏡で一つひとつ花粉の数を数える**のです。

ダーラム法によって数えられた花粉の数によって、次のように分別されます。

・0〜9……少ない
・10〜29……やや多い
・30〜49……多い
・50以上……非常に多い

このデータをもとに、花粉予報が出されているのです。現在では「花粉センサー」といって、自動的にセンサーが花粉の濃度を割り出すシステムも存在していますが、このダーラム法もいぜん現役で活躍しているのです。

天気予報システム「アメダス」の語源は駄洒落？

temple of wisdom
No.33

全国約1300地点に設置されている天気予報システム**「アメダス」**。無人観測機であり、24時間体制で瞬時に天気を知らせてくれる働き者です。降雨量をはじめ、気温、日照時間、風向、風速、積雪などなど、天候に関することなら何でもござれのスペシャリストです。

このアメダスという名前は、「雨の予報を出す」から「アメダス」と命名されたのでしょうか？

1974年に運用が開始されたアメダスの正式名称は「Automatic Meteorological Data Acquisition System（地域気象観測システム）」といいます。頭文字を組み合わせ「AMDAS」と名付けられましたが、**「アメダス（雨出す）」の方が面白い**という理由から、略称も「AMeDAS」に変更されたのです。なんと、本当にダジャレのような命名法で名付けられていたのです。

temple of wisdom
No.34

1メートルはどうやって決められたのか？

日本では長さを表す単位としてメートル法が採用されています。当たり前のように1メートル、その1000倍は1キロメートルとしていますが、「1メートルはこの長さである」と決められたのにはどういう背景があるのでしょうか？

18世紀末、フランスにて世界中でバラバラに決められている単位を統一するための決議が成されます。この際に、長さの世界規格はメートルであるとされました。

ではどのような基準で1メートルの長さは決められたのでしょうか？

これには地球の大きさが関係していたのです。地球一周の距離は4万キロメートルとキリがいい数字になっていますが、それもそのはず。**1メートルは地球の子午線の長さの4000万分の1であるとされた**からです。子午線とは赤道と直角に交わる、両極を結ぶ線のことです。
つまり、地球の長さが1メートルの４０００万倍ではなく、地球の長さの４０００万分の1が1メートルというわけです。

temple of wisdom No.35

出生届をずっと出さなければどうなるの？

赤ちゃんを出産したら出生届を出さなければなりません。しかもこの届け出には期限があるので、赤ちゃんの名前を悩んでいる人は焦ってしまうことでしょう。ではこの出生届、期限を過ぎたまま放置していたらどうなるのでしょうか？

出生届は赤ちゃんを出産した日を1日目とし、14日以内に届け出を出さなくてはいけません。14日目が役所の定休日の場合は、翌日まで延長されます。朝方に生まれようが、昼間に生まれようが、23時59分に生まれようが、その日が1日目とカウントされます。

期日内にどうしても名前が決まらない場合、**正当な理由がある場合に限り、名前欄を空欄で出すことが認められています。**当然ですが、「忘れていた」「面倒だった」といった不適切な理由では認められません。そして、名前が決まり次第、速やかに「追完届」を提出しなければなりません。

不当な理由で期日が守られなかった場合は、

5万円以下の罰金を受ける場合があります。それでもさらに名前が決められない場合、通常3カ月以上遅延した場合には、「戸籍届出期間経過通知書」に理由を書き提出する必要があります。この「戸籍届出期間経過通知書」は、簡易裁判所に通知され、**場合によっては裁判所から5万円以下の過料通知が発行されます。**

このように、最悪の場合は裁判所が絡んでくるややこしい事態になってしまいますので、名前は生まれてくる前にじっくりと考えておきましょう。

temple of wisdom

No.36

フリーターには年齢制限がある

学校卒業後、定職につかずにアルバイトなどをしている人を「フリーター」と呼びます。一般の人が定年を迎える60歳、65歳の年齢までフリーターを続けることは可能なのでしょうか?

フリーターは和製英語の造語で、「フリーランス・アルバイター」の略です。含まれる職種は、アルバイトやパートタイマーだけではありません。非正規雇用である契約社員、派遣社員もフリーターに含まれます。

実はフリーターは誰しもがなれるものではなく、年齢制限があります。**義務教育が修了した年齢15歳から34歳までの若者に限り、フリーターになることができる**のです。35歳を超えてしまうと、「無職」あるいは「日雇い労働者」となってしまいます。これは厚生労働省が発表している定義ですので、35歳を過ぎて不定期な仕事をしていれば、それは「国からみれば無職である」ことになってしまうのです。

デパートの化粧品売り場が必ず1階にある理由

temple of wisdom No.37

大型デパートの入り口をくぐると、2階へ続くエスカレーターの両脇に、びっしりと化粧品売り場が軒を連ねています。実はこれは、**お客さんを不快にさせないためのアイディア**なのです。

多くの来場客は1階入り口を通ってデパートへ入ります。しかし化粧品の購入を目的としたお客さんは、デパート全体を見てもごく一部でしょう。ではなぜ1階に化粧品売り場が存在するのでしょうか？

化粧品はほぼ全ての製品に独特の甘い匂いが配合されています。例えば5階に化粧品売り場を設置することを想像してみましょう。空気は重さによって下へ下へと降りていくので、階下のフロアにも匂いが移動してしまい、不快に感じる方が出てきてしまいます。

そのため、1階の建物外に一番近い箇所に化粧品売り場を設置し、**建物内に匂いをとどめない配慮がなされている**のです。

temple of wisdom
No.38

郵便ポストはなぜ赤い色をしているのか？

郵便局のシンボルカラーといえば赤でしょう。だから郵便ポストも赤なのか？　と思ったら大間違い。現在のような形と色になるまでは、試行錯誤が繰り返されていたのです。

初めて郵便ポストが設置されたのは1871年のこと。当時の主要都市であった三つの都府、すなわち東京に12カ所、京都に3カ所、大阪に8カ所、そしてそれらを結ぶ東海道上に62カ所のポストが設置されました。当初は木製の四角い箱が設置され、そこに使い方、宛先別の運賃、所要時間が書かれた紙が貼ってありました。

翌年には利用者の増加からポストの設置数を大幅に増加。それに伴ってポストの形状も変化します。角に鉄板を貼って強度を上げ、**黒いペンキで塗装を施しました**。現在の赤ではなく、黒いポストだったのです。この黒いポストは以後30年もの間、使用され続けていました。

余談ですが、ポストの普及とあわせて、公衆便所の設置も増加していました。すると、郵便ポストに書かれた「郵便箱」という漢字を、酒に酔った人が「垂レ便箱」つまり「便所」だと思い込んで小便をしてしまう

丸型の赤ポスト。法的には何色でも問題はない。

事態が相次いだのです。

この珍エピソードも理由の一つに含まれているのかは謎ですが、**当時は街灯もまばらで夜はとても暗く、郵便箱が視認しづらいという理由から、イギリスのポストを参考に日本の郵便ポストも赤色に塗られ、さらには火事に対して強い丸型のポストへと変わっていった**のです。

現在は街で丸型ポストを見かけることはほとんどありません。見かけないといえば、速達専用の青ポストも今ではレアは存在です。

元々は航空便専用のポストだったため、空をイメージした青で塗られていましたが、速達用の投入口も備えた赤ポストが普及すると、その数は急激に激減。現在は日本のどこかにはひっそりと残っている程度のようです。

マンホールのフタが丸い理由

temple of wisdom
No.39

言わずもがな、下水道を工事する際に作業員の出入口となるマンホール。そのフタは必ず丸いものになっていますが、その理由が何か分かりますか？

この問題は、あのマイクロソフト社の入社試験で出されたことでも有名です。想像力を働かせて一流企業の試験問題を解いてみましょう。

とはいえ、すぐに正解を書いてしまうと味気ないので、まずはマンホールに関する雑学をご紹介していきましょう。マンホールという名称は、man（人）とhole（穴）をくっつけた造語です。人が入るための穴ということで、いたくシンプルな由来ですね。

マンホールのフタにはその土地ならではの模様などが描かれていることが多いのですが、これは単なるデザイン目的だけではなく、凹凸を作ることによって上を歩く人や、通過する自転車・自動車が滑りにくくするための仕組みでもあるのです。

フタの素材は鉄でできており、重量は平均して50キログラム以上あります。これは車両が通過した際に重さに耐えるためや、盗難の防止、いたずら目的で開けられないためなど、様々な理由があります。しかしながらこの重量に関わらず、たびたび盗難事件が起こってしまうようです。

さて、そろそろネタも限界ですので、問題の正解を発表しましょう。

マンホールのフタが丸い理由は、**どの角度でフタをはめようとしても、下に落下することがないから**です。確かに、もし四角いフタだった場合、斜めにすると下に落下してしまいますよね。

ワイシャツの前後の丈が異様に長いのはなぜ？

temple of wisdom
No.40

スーツに制服に、正装としてワイシャツを着る機会は限りなく多いですが、袖の長さや襟首のサイズがしっかりとしているのに、ワイシャツの丈の前後は無駄に長いと思いませんか？

この疑問に対して、おそらく多くの方はズボンの中に収納して着崩れしないためのものだと考えていると思います。しかしそれは間違いで、**ワイシャツが開発された当時の名残**なのです。

そもそもワイシャツは**ヨーロッパ地方で下着として着用されていました**。その当時は今のワイシャツよりも丈の前後がもっと長く、股間を覆えるようなつくりになっていました。

しかし、１９３０年代になり、下半身用の下着であるブリーフが開発されると、徐々に丈が短くなり、現在のワイシャツのサイズになったのです。

なお、元々は下着として着用されていたこともあり、現在でも人前でワイシャツ姿になるのは無礼であるとする方もいるようです。

セーラー服が女学生の制服になったのはなぜ？

temple of wisdom
No.41

セーラー服といえば女子中高生の制服というイメージですが、実は**海軍の制服が元となっている**のをご存知でしょうか？

セーラーとは日本語で「水兵」を意味します。

その名のとおり、発祥はイギリスの海軍でした。セーラー服の襟が後ろに異常に長いのも海軍に由来しています。海上では風音などによって周囲の音が聞き取りづらいため、長い襟を立たせることによって集音性を上げる効果が得られるのです。

前部がV字型に大きく開いているのも、海に落ちたときに服を簡単に脱げるように工夫しているのです。さらにスカーフもいざというときは手ぬぐいとして活用できます。

後にセーラー服が海軍の幼年学校の制服にも指定されると、**「子どもにセーラー服を着せると可愛い」と評判になります。**そして名家が子どもにセーラー服を着せるようになり、それが一般大衆へと広まっていったとされます。

また、当時の男子学生の制服は立襟で5つボタンの陸軍の軍服をモデルとした制服を採用していました。それでは女学生には海軍の制服を、といった背景もあったようです。

temple of wisdom No.42

カーディガンは戦争から生まれた

寒い季節には定番のカーディガン。保温性が高い上に気軽にはおれる着やすさもあって学生の制服に採用されることもあります。

カーディガンが誕生したのは19世紀半ばごろ。**イギリス陸軍のカーディガン伯爵が考案しました。**イギリス、フランス、オスマン帝国による連合軍対ロシア帝国の戦争「バラクラヴァの戦い」の中で、カーディガンは発明されました。

　戦争が始まったのは10月25日。ヨーロッパのウクライナが戦場でした。この時期のウクライナは非常に気温が低いため、兵士は保温のためにセーターを着て戦場へと出ていました。

　この戦いで負傷した兵士を治療するために、衛生兵によって応急処置が行われたのですが、寒さも相まって負傷した兵士からセーターを脱がせるのは非常に苦労が伴いました。

　このことから、**あらかじめセーターの前部分を切り、ボタンを付けて留められるようにするアイディアが生まれ、これがカーディガンの始まりとなった**のです。

　今では日常的に愛されているカーディガンですが、極寒の中で戦う兵士の存在がなければ、あと数十年はこの世に誕生することはなかったのかもしれません。

ハイヒールはおしゃれで履くものではなかった

temple of wisdom
No.43

　女性のオシャレには欠かせないハイヒールやピンヒールなどのヒール付き靴。しかしこのハイヒールは、想像も付かない理由によって作られたのでした。

ハイヒールの元となったのは１５００年代中頃にイタリアで流行していた**「チョピン」**と呼ばれるイスラム風の厚底の靴でした。主に上流階級の婦人や、高級娼婦などによって履かれ、最大で50センチを超える厚底の物も存在していたというから驚きです。

そして１６００年代になり、フランスでチョピンを元としたハイヒールが開発されるのですが、その開発理由はオシャレとは全く関係がありませんでした。

１６００年代になると、ヨーロッパ各国を中心として人口が密集しだしたことから、街中に汚れが目立ちました。中でもトイレ問題は深刻で、**現在の様に水洗トイレがなかった当時、汚物が路上にまで溢れだしてしまうこともあった**ようです。

このことから、少しでも路面に接する面積が少なくなるように、かかとにヒールを付けたハイヒール靴が開発されたのです。

temple of wisdom
No.44

スリッパの意外な発祥地と本当の使い方

現在では世界中で当たり前に使用されているスリッパですが、その発祥地はご存知でしょうか？

結論から言ってしまうと、**スリッパの発祥地は日本**です。スリッパが開発されたのは明治時代。この時代から外国人が多く日本へやってくるようになります。日本と違って**家の中でも土足で行動**

する外国人に対して考案されたのが、このスリッパです。本来は外履きを履いたまま、スリッパは使用されていたわけです。

ちなみにスリッパ（Slipper）の語源は、「滑る」を意味するSlipからきていて、滑るように歩くことのできる履物として名付けられました。

temple of wisdom
No.45

座布団には裏表の向きが決まっている

普段何気なく使っている座布団ですが、実はしっかりと裏と表の向きが決まっているのです。**座布団の中央にある、しめ糸の房がある方が表**です。キュっとしまっている面ですね。

その逆の縫い目しか見えない面が裏です。座布団の種類によっては裏表の判別がつかないものもあるようなので、その際は表裏は気にしなくてもよいでしょう。来客用に使うからどうしても気になるというのであれば、裏表の判別のつく座布団を用意した方が無難かもしれません。

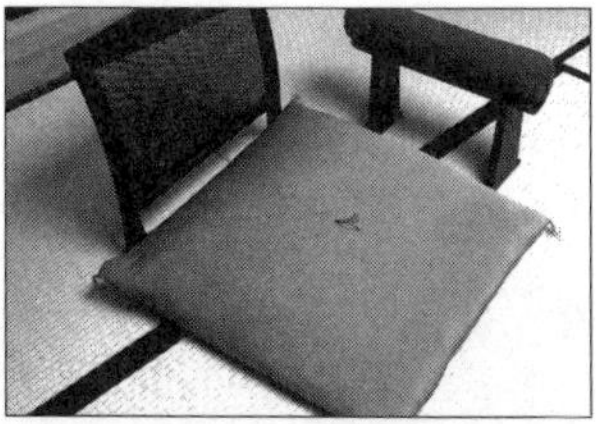

中央に房があるため、座布団は表向きに置かれていることがわかる（©Copyright Images are generated by Alex Proimos and licensed for reuse under this Creative Commons Licence）

temple of wisdom
No.46

なぜ色鉛筆は最初から削ってあるの？

普通の黒い鉛筆が削られて売られることはあまりありませんが、色鉛筆のセットはどれももれなく削られている状態で販売されています。なぜなのでしょうか？

結果的にいうと、それは**製造メーカーのサービス**です。黒鉛筆の場合は用途によって好きなように削って使うことが想定される上、何本あっても使うのは一本だけです。

それに対して色鉛筆の場合は、全ての色を同時に使い始めることが想定されます。そのため**わざわざ使い始めるたびに削る必要がないように、あらかじめ削られている**というわけです。

temple of wisdom
No.47

カスタネットが赤と青の理由

小学校の音楽の授業でよく使われるカスタネット。片側が赤色で片側が青色をしていますが、なぜ異なる色を使っているのでしょうか？

今でこそランドセルはカラフルなものが沢山ありますが、一昔前は男の子は黒、女の子が赤というのが定番でした。それと同様に、**元々カスタネットの色は赤一色と青一色の二種類が存在していました。赤は女の子用、青は男の子用として区別されていた**のです。

しかしそれではカスタネットを用意する際に、わざわざ男女の人数を把握する必要があるために不便さが感じられていました。また、兄弟がいる家庭から、色が違うとお下がりに使えないと苦情があったことも、色の変更を後押ししたようです。

ホテルなどのベッドに敷いてる帯の使い方

temple of wisdom
No.48

ホテルの部屋に設置されているベッドの上には、必ずと言っていいほど帯状の布のようなものが敷いてあります。この帯を正しい使い方で使用している日本人はどれくらいいるのでしょうか？

ベッドに敷いてある布の名称は**「ベッドスロー」**といい、ネットショップなどでも簡単に購入することができます。ベッドはアメリカやヨーロッパなどの欧米が発祥となっていることは言うまでもありません。それらの国と日本の大きな違いといえば、屋内を土足で移動するか否かです。

ここまで読んで答えが閃いた方も多いでしょう。そうです、この帯は**土足でベッドの上に寝転んでも、シーツを汚さないための寝具**なのです。

本場では一般家庭でも多く使用されています。家庭内での使い方は前述した使用方法がほとんどだと思いますが、ホテルなどの宿泊施設内での使用方法はこれに限ったわけではありません。ベッドメイクが完了している合図であったり、手持ちカバンではないキャスター付きカバンなどの荷造りの際にも使用することがあります。

なお、この帯を敷いておくと高級感が増すという理由で、日本だけでなく海外でもインテリアとして敷いている場合があるようです。

temple of wisdom
No.49

大学ノートの「大学」の由来とは？

中学校あたりから大学ノートを使い始めると、大人の階段を一歩登ったような感覚がしたものです。しかし、なぜ一般的なノートが「大学ノート」と呼ばれるのでしょうか？

大学ノートとは、マス目がなく、日付欄、見出し欄の他はページいっぱいに横線が引かれているノートのことです。

初めて販売されたのは１８８４年のこと。現在の東京大学の向かいにあった「松屋」という文房具屋が新しいノートを考案しました。品質の良い洋紙を使用したそのノートは高価だったため、**「東大生くらい勉強のできる人でないと使えるものじゃない」ということで、大学ノートと呼ばれるようになった**のです。

その後、ノートの評判を聞きつけた丸善が大学ノートを製作しだし、大学ノートという名はそのままに、全国へと広がっていったのです。

temple of wisdom
No.50

非常口のマークはなぜ緑色？

非常口のマークは、世界共通で緑色の背景に白い文字、またはマークで出口であることを表しています。海外でも多く見かける白い棒人間が出口へと向かっているマーク。実は、あのマークのデザインや色の考案者は日本人なのです。

まずは色の基本をおさえましょう。色には補色と呼ばれるものがあります。補色とは、色を順序立てて円状にした際に、正反対の位置にくる色のことをいいます。**補色同士の色の組み合わせは、お互いの色を引き立て合う相乗効果がある**のです。

さて、話を非常口のマークの色に戻しましょう。**緑色の補色は赤色**です。

ここで非常口を利用する必要があるシチュエーションを想像してみましょう。地震でも落雷からの停電でも、最終的に危惧されるのは火災です。

もう言いたいことはおわかりでしょう。赤色の補色である緑色は、**火災で非常口から避難する際に最も見えやすい色**なのです。

temple of wisdom
No.51

スペードのエースだけが大きく描かれる理由

トランプのカードを見ていて、ふと疑問に思ったことはないでしょうか。各マークのエースは、中央に一つだけマークが描かれていますが、**スペードのエースだけは他のマークに比べると非常に大きく描かれています。**

スペードのエースには製造社名なども記載されている場合が少なくありません。また、複雑な凝ったデザインをしているトランプも見かけることがあります。なぜスペードのエースにこのような記述やデザインが施されているのでしょうか？

それは1600年頃のイギリスにルーツがあります。当時、トランプにはそれ専用の税金が課せられ、税金が支払われた証明として、スタンプが押されていました。そのスタンプが押されたのがスペードのエー

スペードのエースの意匠（19世紀前半）

スのカードだったのです。これによりトランプは出荷ができるようになります。スペードのエースが複雑なデザインのものが多いのも、**証明印を偽造されないための仕組み**だったのです。

植物にも血液型がある!?

temple of wisdom No.52

人間はA型、B型、O型、AB型の四種類の血液型に分類することができます。実は**植物にも血液型がある**って知っていましたか?

人間の血液型は血液を採取して測定できますが、植物にはその血液がありません。ではどのように判別するのかというと、植物をすりおろした汁の中の**「糖タンパク質」**を測定するのです。全植物中10%しか持っていない特殊な成分ではありますが、これを調べれば血液型がわかるのです。

人間とは違って**一つの種につき決まった血液型しか持ちません**。例えばツバキはO型、バラはAB型といった具合です。人間の血液型の場合、違いによって性格に差が出るなどという血液型占いがありますが、植物にも血液型によって違いがある種がいます。その代表的なものが、秋の風物詩である紅葉、カエデの葉です。

紅葉は赤や黄色など色とりどりのカエデの葉が、鮮やかさを演出してくれます。これは赤から黄色に変わっていくのではありません。実は**赤いカエデはO型で、黄色いカエデはＡＢ型**なのです。つまり、カエデの血液型によってどの色になるのかが決まっていたのです。

パソコンのマウスが動く距離の単位はミッキー

temple of wisdom

No.53

パソコンで使われる用語の中で、大きさや距離などを表す単位としてドットやピクセルなどがあります。そして、**マウスを動かした距離を表す単位は「ミッキー」である**、という噂があります。本当なのでしょうか？

　結論からいうと本当です。当時のマイクロソフト社で、マウスを動作させるためのプログラムを開発していたエンジニアが命名しました。

　手元に握ったマウスをこれくらい動かすと、画面上のマウスカーソルがこれくらい動く、といった対比でこの単位が使われます。

　1ミッキーは100分の1インチ（約0・0254センチメートル）で、「マウスを1ミッキー分動かしたとき、画面上のマウスカーソルが何ドット動くのか」などの計算に用いられます。

　ちなみに、マウスの単位だからミッキーマウス？　と思った方、まさにその通り。命名者はマウスとディズニーのキャラクターであるミッキーマウスをかけてミッキーと名づけたのです。

第2章
乗り物の雑学

temple of wisdom No.54

バイクのことを「単車」というのはなぜ？

オートバイにはバイク、二輪車、など様々な呼び方があります。「二輪車」と呼ぶのはその名のとおり二輪のタイヤがあるからですが、では「単車」と呼ぶのはなぜなのでしょうか？

現在ではあまり目にしませんが、バイクが登場した頃には、サイドカーの付いたものが主流でした。しかし、バイクの普及と共にサイドカーのないものが求められるようになっていきます。

そこで本来のバイクと区別するために、**「本体のみの単体の二輪車」**ということで「単車」と呼ばれるようになったのです。

ちなみに、オートバイもバイクも和製英語で、海外では通用しません。海外では「モーター・サイクル」と呼びます。

temple of wisdom No.55

どれだけ知っていますか？ 信号機の雑学

安全な交通整理を目的として設置されている青黄赤の信号機。説明の余地がないかもしれませんが、青は進め、赤は止まれですね。では黄色は？と聞かれた場合、正確に答えを言える方はどのくらいいるでしょうか？

黄色は止まれと同等の意味もありますが、急停車となる場合は進行してもいいという意味があります。青も正確には「進め」ではなく、「進むことができる」というニュアンスが正解です。

では、特定の信号機や、夜間になると切り替わる点滅式信号にはどのような意味があるのでしょうか。まず、黄色で点滅している信号機が設置されている道路では、まわりの交通に注意して進むことを意味しています。一方、赤色で点滅している信号機では、必ず一時停止をして安全を確認する必要があることを意味しています。

他にも、信号機には色々な工夫が詰まっています。例えば、信号機には横並び型の他、縦並び型の信号機がありますが、これにも意味があります。**縦並び型の信号機は、主に積雪の多い地域で使用されます。**横型の場合、積雪する面積が大きくなるため、雪が地面に落ちづらくなり、雪が積もり続けてしまいます。信号が見づらくなったり、信号機が雪の重さに耐え切れず落下してしまう事故が起こる危険があるため、縦型なのです。

ちなみに、横並び信号機の場合、左から順番に「青・黄・赤」と配置されています。これにはしっかりと理由があるのですが、なんだと思いますか？

正解は、街路樹や歩道に立てられた建造物

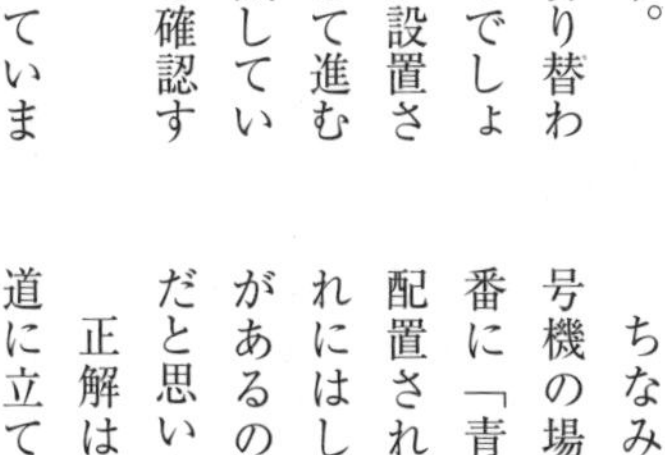

LED 式の信号。車両用信号機は全体の約半分にあたるおよそ 65 万灯が LED 化されている。

などによって、信号機の赤の色が隠れてしまうことを防ぐためです。最も重要である赤の色を道路の真ん中に位置するように立てることで、万が一の事故を未然に防いでいるのです。

高速道路の1㎞あたりの建設費は50億円

temple of wisdom
No.56

アメリカをはじめとする海外の主要高速道路は、無料ないし格安の料金で乗ることができます。日本の高速道路乗車料金は高い！　と批難されがちですが、それもそのはず。なんと建設には**1キロメートルあたり50億円**もの予算がかかってしまうのです。

なぜそこまで費用がかかってしまうのでしょうか？　日本は先進国の中でも国土の面積が狭い上に人口が密集しているため、土地代だけでもかなりの費用が必要になります。50億円の費用の内、**13・6億円が土地を購入するために使われています**。

また、日本の地理状況、災害状況を考えると、安全面を考慮した設計をしなければなりません。

例えば、山や谷が多いため、トンネル、橋の建設数が多くなってしまうこと。世界中の地震の10％程度が日本周辺で発生するため、耐震対策が必要であること。大都市の多くが軟弱な地盤の上にたっているため、地盤改良が必要であるということ。国土の6割が積雪寒冷地にあるため、雪寒対策が必要であるということ。

以上のことを踏まえ、**完璧な安全対策を採る**にあたって1キロメートルあたり50億円という莫大な費用がかかってしまうのです。工事費が高すぎる！　と思っても、安くて危険な道を走るより、高くても安全な道を走りたいとは思いませんか？

サービスエリアが50km毎に設置されている理由

temple of wisdom No.57

一般的な高速道路には**50キロメートル毎にサービスエリアが設置されています**。この距離は、ある理由から決まったのですが、何かわかりますか？

高速道路を利用するということは、長距離を移動するということ。車の故障そのものが起きてしまっては仕方のないことですが、最も身近なトラブルは「ガス欠」でしょう。

ガソリンが少なくなっていることを警告するエンプティランプは、ガソリンが残り10リットル程になると点灯します。**このランプが点灯してからガス欠になって車が動かなくなってしまう距離**、それが50キロメートルなのです。

余談ですが、サービスエリアよりも小規模で、食事処や売店などの施設がないものはパーキングエリアと呼ばれます。

レギュラーガソリンとハイオクガソリンの違い

temple of wisdom
No.58

「レギュラーになさいますか？　ハイオクになさいますか？」

ガソリンスタンドを訪れると必ず聞かれますね。この二つは何が違うのでしょうか？

ハイオクとは、正式には「ハイ（高）オクタン価ガソリン」と呼びます。通常のガソリンと比べて、**オクタン価が高い**ことに由来します。オクタン価とはエンジン内でのガソリンの自己発火のしにくさと、ノッキングの起こりにくさを数値で表したもの。日本工業規格（ＪＩＳ規格）ではレギュラーガソリンはオクタン価89・0以上、ハイオクガソリンは96・0以上と規定しています。

簡単に言うと、ハイオクはレギュラーに比べて自己発火が起こりづらく、燃焼効率がいいことが特徴です。つまり、同じ量のガソリンでもハイオクの方が無駄なくエンジンの最大限のパワーを引き出すことができます。また、ハイオクには清浄剤が添加されているので、エンジンをクリーンに保つことができるメリットもあります。

なお、**レギュラー車に対してハイオクガソリンを入れることにデメリットはありません**。ノッキングが起こりにくくエンジンをクリーンに保つ効果は十分に発揮されます。

では、逆にハイオク車にレギュラーガソリンを入れるとどうなるでしょうか。この場合でもエンジンが故障するなどといった不具合は起こりませんが、ハイオク車はハイオクガソリンを入れた際に最大限のパワーが出るように設計されていますので、やはりハイオクを入れるべきであると言えます。

temple of wisdom No.59

日本一長い国道と日本一短い国道

国道といえば、都市と都市を繋ぎ、一般道よりも制限速度が高く設定されている印象があります。距離の長い国道はどれくらいの長さなのか想像することもできそうですが、短い国道はどれくらいの長さなのか考えるのは難しいところです。

日本で最も長い国道は、東京と青森を繋ぐ国道4号線で、その距離はなんと742・3キロメートルもあります。この国道の歴史は古く、江戸時代に作られた日光街道、奥州街道がその原形で、今も昔も関東と東北を繋ぐ重要な道なのです。

では逆に日本一短い国道はどのようなものがあるのでしょうか？

それは兵庫県神戸市にある、神戸港と国道2号線を繋ぐ**国道174号線**です。その距離はわずか187メートルしかありません。キロメートルではなくメートルです。しかしこんなに短い国道でも、物流のための重要な道路として立派に活躍しているのです。

temple of wisdom No.60

ナンバープレートに使われない文字がある?

ナンバープレートには左下側にひらがなが一文字書いてあります。中には使われることのない文字があることをご存知でしょうか?

一文字のひらがなは、その車が自家用か事業用であるかが判別されています。「わ・れ」の二文字はレンタカー専用の文字で、その他の事業用の車には「あ・い・う・え・か・き・く・け・こ・を」が使われます。一方、次の4つのひらがなはナンバープレートには使われません。

- **「お」**……「あ」と間違える可能性があるため
- **「し」**……「死」を連想させるため
- **「へ」**……「屁(オナラ)」を連想させるため
- **「ん」**……発音しづらいため

temple of wisdom No.61

黄色のガードレールが設置されている県がある

ガードレールの色は基本的に白ですが、高速道路などでは灰色や銀メッキを施した色のガードレールも見かけることがあります。しかし日本には、なんとも奇抜な**黄色いガードレールを設置している県が存在する**のです。

それが**山口県**です。そう、山口といえば特産品は**夏みかん**。そこでガードレールを夏みかん色に塗ってしまおうという案が挙がります。塗替え案は1963年に決定。以後、山口県管轄の道路は黄色のガードレールが標準となっています。目立つ色であることから、安全面で好評だといいます。

山口県以外でも、特殊な色をしたガードレールを設置している県があります。広島県では緑色のガードレールを設置している地域がありますし、岐阜県では上部のみを黄色に塗装したガードレールが設置されています。県外に旅行に行った際は、ガードレールの色に注目してみても面白いかもしれません。

馬に乗ってドライブスルーで買物ができるワケ

temple of wisdom
No.62

馬に乗って公道はおろか、ドライブスルーだってなんのその。実は**動物に乗って公道を走っていいルール**があるのをご存知でしょうか？

道路交通法第2条の規定によると、『自転車、荷車その他人若しくは動物の力により、又は他の車両に牽引され、かつ、レールによらないで運転する車。（中略）身体障害者用の車いす、歩行補助車等及び小児用の車以外のもの』を〝軽車両〟として分類しています。簡単に要約すると、**車いすと小児用の車を除き、エンジンの付いていない乗り物は全て軽車両とみなされる**のです。

つまり乗って移動ができる動物は、自転車と同じ軽車両に属するため、公道も問題なく走ることができます。ナンバプレートは必要ありませんし、ドライブスルーで買い物だってできるのです。

しかし制限速度をオーバーすればもちろん罰金が待っていますし、飲酒の状態で乗っていても飲酒運転扱いになりますので注意が必要です。標識などのルールも適用されますので、馬で移動する際には気を付けておきましょう。

temple of wisdom
No.63

１１０番や１１９番は元々１１２番だった

警察への通報は１１０番、救急や火事の通報は１１９番が当たり前になっていますが、実はこの番号になるまでには心理的な問題をクリアするために試行錯誤があったのです。

警察への通報番号が１１０番になったのは１９５４年のこと。それまでは**大阪・京都・神戸は１１１０番、名古屋は１１８番など、主要都市ごとに異なった番号を使っていました。**

また、消防への通報番号は現在の119番ではなく、112番で統一されていました。

112番が廃止になったのには、ある心理的な問題が挙げられます。火事や急な病気の症状などで慌てていると、**112番を間違えてしまう人が続出した**のです。昔は文字盤がクルクルと回転するダイヤル式の電話機だったため、最後の一桁を1から遠い9番にすることで、かけ間違いを防止したというわけです。

9もしくは0の番号をダイヤルすると、ゆっくりとダイヤルが戻っていきます。このことから取り乱した心を落ち着かせ、冷静になって通報できるようになる心理効果も得られたということです。

temple of wisdom No.64

パトカーも制限速度違反で捕まる!?

パトカーをはじめ、救急車や消防車などの緊急車両は、緊急の場合は制限速度を無視して走行してもいいとされますが、その上限はあるのでしょうか？

結果から言うと、**いかなる事態であろうとも、緊急走行時の制限速度は設けられています**。道路交通法の記載を要約すると次の2点にまとめることができます。

・第12条……高速道路以外を通行する場合の最高速度は、80キロメートルとする
・第27条……高速道路を通行する場合の最高速度は、100キロメートルとする

つまり一般道では最高時速80キロメートルまで、高速道では100キロメートルまでとされているので、これ以上の速度で走行した場合は**パトカーでも切符を切られる**ことになるのです。

ただし、犯人を追跡するために止むを得ず速度をオーバーしてしまった場合など、正当な理由がある場合に限り、違反は免除となります。

２０１４年６月には、１４５キロメートルで緊急走行をしたパトカーに対して、違反切符が切られたと報じられました。日夜市民の安全を守ってくれる正義の味方。常識の範囲内で頼もしい姿を見せて欲しいものです。

temple of wisdom
No.65

飛行機雲はなぜできる？

雲ひとつない青空。上空遥か彼方には一機の飛行機が作り出す一筋の飛行機雲。この風景を見ると夏を感じてしまうのは私だけでしょうか。

さてこの飛行機雲の正体は一体なんなのか、ど

のようにして作り出されているのでしょうか？

飛行機雲を発生させるためには、飛行機は**高度6000メートル**を飛行する必要があります。

気温は地上から1000メートル離れるごとに0・6度ずつ下がり、6000メートル上空ではマイナス30度以下になります。この冷たい空気の中を飛行機が飛ぶと、2パターンの雲ができるのです。

一つは排気ガスが作り出す雲です。飛行機の排気ガスの温度は300～600度。この**高温の空気が急激に冷やされて氷の粒になることで、雲になる**のです。もう一つは、主翼が作り出す雲です。空気圧の低い上空を飛行すると、主翼の後ろで空気の渦ができて気圧と気温が下がります。すると、**水分が冷やされて雲が作り出される**のです。

ちなみに、機体のエンジン数によって作り出される飛行機雲の本数が違います。空に描かれた飛行機雲をよく見てみると、2本線だったり4本線だったりするのです。

航空機トラブルの最終手段

temple of wisdom
No.66

いく網もの安全管理がなされた飛行機ですが、万が一のトラブルは免れることはできないもの。

そんな飛行機トラブルの中で最も危険度の高いものは何なのでしょうか。また、最上級のトラブルはどのようにして対処されるのでしょうか？

飛行機トラブルで最上級のものは何かといえば、それは墜落でしょう。不時着を余儀なくされた場合、パイロットは機内の燃料などの可燃物を可能な限り捨てながら、海や山などに向けて飛行するよう訓練をされています。万が一、墜落した場合に、人命被害を最小限に抑えるためです。

しかし、いかなる手段をもっても安全な海や山に向かうことができず、街などに不時着せざるを得ない場合、国際協議の取り決めにより、**各国の空軍が飛行機を撃墜することが許可されています。**

市街地に墜落して多数の死傷者を出すよりも、乗客とパイロットだけに被害を絞るためだと思われますが、やはり考えると悲しくなってきますね。

飛行機や車にカミナリが落ちるとどうなる？

temple of wisdom
No.67

自動車で移動中、真っ黒な雷雲が空を覆い、怒号のようなカミナリが鳴り出すと恐ろしいものです。飛行機に乗っている最中ならその怖さは計り知れないものでしょう。

車も飛行機も鉄の塊です。カミナリが落ちる可能性は十分に考えられますが、実際にカミナリが落ちるとどうなるのでしょうか。

カミナリは空に近いほど落ちる確率は高くなります。つまり、高い建物ほどカミナリが落ちやすいのです。急なドシャ降りで大きな木の下で雨宿りをしていたら、木に落雷して感電死、という事例は沢山あります。

もし鉄の塊ともいえる自動車や飛行機に乗っている場合、落雷したらどうなるのでしょうか？

安心してください。このような場合でも中にいる**人間には全くダメージはありません**。**カミナリが自動車に落ちた場合、機体の表面を滑るように移動し、地面へと流れます。**

飛行機の場合は、機体に備えられている避雷針にカミナリが落ち、自動車と同じく機体表面を電流が流れるだけ。内部の人間はカミナリが落ちたことさえも気付かない程です。墜落することもありませんし、機器系統や燃料に引火などということも起こりえないのです。

temple of wisdom No.68

飛行機のタイヤには窒素ガスが入っている

通常、タイヤの中には空気が入っています。小さな自転車から大きなトラックまで、タイヤの中に入っているのは共通して空気です。しかし**飛行機のタイヤには窒素ガスが入っている**のです。この理由は何なのでしょうか？

飛行機は離着陸時に高速で移動します。特に着陸時にはブレーキがかかって高い摩擦力が加わり、タイヤの表面が高温になってしまいます。もしタイヤに空気が充填されていると、**内部の圧力の変化などが原因で、パンクや爆発の危険があります。**

また、空気中には水分が含まれ、上空飛行時にはマイナス30度以下にもなる世界では凍りついてしまう危険性がありますし、空気に含まれる酸素によってタイヤの品質が徐々に劣化してしまう可能性もあります。

このような危険を避けるため、飛行機のタイヤには窒素ガスが充填されているのです。同様の理由でF1カーなどにも窒素ガスが使用されていますし、メリットの多さから乗用車に窒素ガスを注入してくれるガソリンスタンドもあるようです。

temple of wisdom
No.69

タイヤはなんで黒ばかりなの？

タイヤはゴムでできています。輪ゴムなどには色のついたゴムもありますが、なぜタイヤには赤や青などのカラフルなタイヤはなく、黒だけなのでしょうか？

一見すると一つのゴムの塊に見えますが、実はタイヤには様々なゴムが使われています。タイヤの内側には気密性の高いゴムが使われ、路面に接する外側には滑りにくく強度のあるゴムが使われています。

ただしこれだけでは摩擦に対抗できるほどの強度は持ちえません。そこで**「カーボンブラック」**という素材を合成するのです。

カーボンブラックは炭素を粉にしたものです。カーボンブラックをゴムに合成することにより、耐久性や耐摩耗性に対しての強度が飛躍的に上昇するのです。タイヤの色は、このカーボンブラックの色だったのです。

現代でもまだカーボンブラックに対抗しうる素材は見つかっていません。ゴムの研究開発が進み、カラータイヤも製造されてはいますが、やはり耐久性に問題があるようで、完全に実用化されるまでは至っていないようです。

タイヤの誕生と普及

temple of wisdom
No.70

今では乗り物にタイヤがつくのは当たり前のことですが、その誕生と普及の背景には様々なひらめきがありました。

今のようなタイヤが作られるまで、タイヤは非常に乗り心地の悪いものでした。それもそのはず、**空気が入っていなかった**のです。フレームにゴムを巻いただけの、お粗末なものでした。道路もキレイに舗装されておらず、乗り心地は最悪です。

これを改良したのが世界的タイヤメーカー・ダンロップの創始者、**ジョン・ボイド・ダンロップ**。彼はその道になんら関係のない職業を生業にしていました。それはなんと、獣医です。牛の腸にガスが溜まる鼓脹症《こちょうしょう》という病気を見て、タイヤと腸の形が似ていることに気が付きました。

　以前から息子に「自転車をもっと乗りやすくして欲しい」と言われていた彼は、これをヒントにタイヤの改良に成功したのです。これを機に、**空気入りタイヤの特許を取得し、1889年にダンロップを設立**します。

　空気が入ったことで乗り心地や速さが向上したタイヤですが、まだ問題はありました。一度パンクすると、修理に何時間も必要だったのです。

　この不便さを改善したのが、フランスの**ミシュラン**なのです。ミシュランは短時間で修理できるフレームとタイヤを考案し、その勢いで自動車のタイヤ製造にも成功しました。自動車のタイヤ製造に進出したのは、**「タイヤが4つなら売上が2倍になる」**という理由からだと言われています。

空気入りのタイヤを考案した獣医ダンロップ

temple of wisdom
No.71

飛行機のパイロットの食事のとり方

飛行機は世界中の乗り物の中で、最も安全な乗り物と言われています。どんな非常事態のケースでも素早く対応するために、緻密にシミュレーションがされています。そんな安全管理は食事一つにも行き届いているのです。

飛行機は必ずパイロットと副パイロットの二人で操縦を行います。これには業務を分担できるメリットもありますが、片方のパイロットが急病で倒れた場合の保険の意味合いもあります。

パイロットと副パイロットは食事の際も別々のメニューが用意されており、決して同じ食材は口にしません。これも万が一の食中毒を危惧したものなのです。さらに、長距離を飛行する便には、パイロットと副パイロットのチームが二組同乗し、交代で操縦にあたることもあるそうです。

飛行機は自力でバック走行できないのか？

temple of wisdom
No.72

空港などで離陸前の飛行機を観察していると、バック走行するためにわざわざ小型のリフトカーのような車で牽引している姿を見かけます。飛行機は自力でバック走行することはできないのでしょうか？

飛行機はジェットエンジンの推進力によって前進します。格納式の車輪がついていますが、それ自体には駆動機能は備わっていないため、**車輪のみで移動することはできません**。

しかし現代のほぼ全ての旅客機には、エンジンの逆噴射装置が備えられており、静止状態で逆噴射を行えばバックすることは可能です。

ですが、わざわざ少しの距離をバックで移動するためだけにジェットエンジンを稼働すると、燃料費もかかりますし、騒音などの問題も発生します。それに加え、コックピットからは後部が視認できないため、やはり単独でのバック走行は行われていません。牽引車で引っ張ったほうが精密な動きが可能な点も挙げられます。

例外としてセスナ機などの小型の飛行機であれば、単独でバック走行が可能なようです。

temple of wisdom
No.73

飛行機が離着陸時に灯りを消すのはなぜ?

夜間のフライトでは、離着陸時には機内の電気は消灯します。わざわざ暗くするこの行動に意味はあるのでしょうか?

様々な状況に対応できるよう、飛行機はありとあらゆる緊急事態に備えて運行されています。**離着陸時に機内の電気を消す**のもその一つ。考えてみてください。

もし飛行中に機内の電気が全て消えてしまったら。もし事故による不時着の際、暗闇の機外に避難しなければならなくなったとしたら。人間の目は明所から暗所へ移動する際に、目が慣れて見えるようになるまでに時間がかかります。ましてや**緊急事態で急な暗闇が襲ってきた場合、パニックになることは必至。**

このような事態を回避するため、あらかじめ暗闇の状況を作りだしているというわけです。

飛行機の燃料は灯油

temple of wisdom No.74

エンジンが止まってしまっては一巻の終わり。飛行機の燃料は決してトラブルが起きないように、厳選された燃料が使われています。ガソリンのような不純物が多い燃料ではなく、なんと**灯油が使われている**というのです。

飛行機には**「ケロシン」**という燃料を使います。ケロシン（Kerosene）とは日本語で「灯油」の意味。ストーブで使われる灯油と成分はほぼ同じです。

灯油は低温で凍結しにくい上、発熱量が大きいので燃費がいいのです。高温・高圧で燃料を消費するので、ガソリンのように揮発性の高い燃料は必要とされません。また、ガソリンでは爆発の危険性もあります。

しかし飛行機の飛ぶ上空はマイナス30度以下の世界。通常の灯油ではさすがに凍りついてしまいます。そのため、灯油の中の水分を除去し、純度の高い灯油を作りだして使用しています。それが「ケロシン」です。

電車の訓練にプラレールが使用されている

temple of wisdom
No.75

「プラレール」といえばタカラトミーから販売されている子供向けの電車のおもちゃです。このプラレールが、実は**プロの運転手の訓練にも使用されている**のです。

プラレールとは、青い線路を自由自在に組み立てて、自分だけの線路を作って電車を走らせることができる鉄道玩具です。線路となるレール部品は28種もありまさに自由自在。トンネルや橋や踏切などの情景部品も28種用意されており、自分だけの世界を作り上げることができます。

ＪＲ東海では、２００４年からこのプラレールを運転手の訓練のために採用しました。プラレールでＪＲ東海の路線を忠実に再現したのです。これがどのように使われるかというと、**非常事態時などにおいて電車がどのように動くべきなのかなど、通常線、回送線、車両基地などの配置状況を目で見て認識しながら体験できる**というわけです。

この訓練は見習い運転手に対してのカリキュラムでしたが、その後２００６年からは乗務員全員に対しての必修科目となりました。さらに東京メトロでもプラレールによる訓練制度を２０１１年に導入し、広がりをみせています。

JR東海で運用されていた快速列車セントラルライナー。プラレールで訓練をした後に運転手は電車を操縦した。

temple of wisdom
No.76

駅長が二人いる駅がある

駅長とはその駅のトップのこと。会社で言うならば社長の座にあたります。なぜ**一つの駅に対して駅長が二人もいる駅が存在する**のでしょうか？

東京駅、新大阪駅、博多駅には、それぞれ駅長が二人ずついます。駅が大きいから一人では手が回らないといった理由ではなく、駅の歴史からその理由が判明します。

東京駅は様々な路線が乗り入れる巨大な駅です。地上・地下鉄に加え、新幹線のホームもあります。実は**国鉄からＪＲへと会社組織が変わる際に、東海道新幹線だけはＪＲ東海が管轄することになりました。その他の路線は全てＪＲ東日本の所有となったため、**駅長が二人存在しなければいけないというわけです。

同じ理由で、新大阪駅ではＪＲ東海とＪＲ西日本が、博多駅ではＪＲ西日本とＪＲ九州の管轄が入り混じっているため、駅長が二人存在するのです。

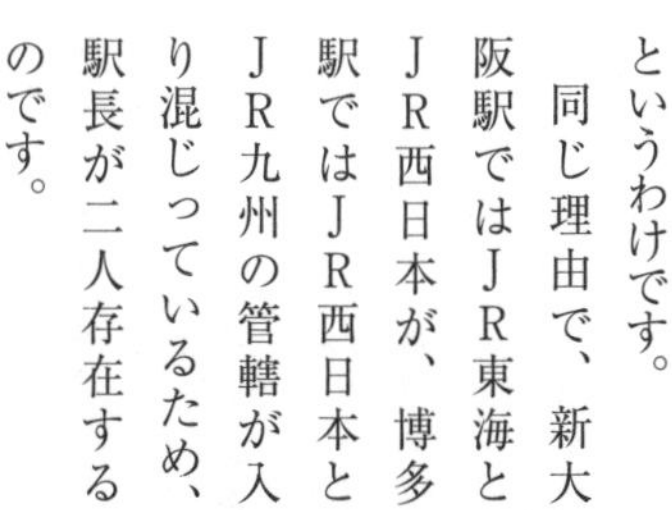

駅長が２人いる駅の一つ東京駅。JR 東日本と JR 東海の二つの会社が管轄しているため駅長も２人いる。

temple of wisdom No.77

電車内の吊り革、正しく使えてますか？

満員電車で吊り革に掴まっているときに、隣の乗客と肩が触れて気まずい思いをした方も多いでしょう。なぜ電車内の吊り革の間隔はあんなにも狭いのでしょうか？

吊り革の幅はわざと狭く配置されているわけではなく、一人ひとりに十分なスペースが確保できるように計算されて配置されています。問題はそれを使用する側にあります。**実は吊り革は、窓側を向いて掴まるのではなく、電車の進行方向を向いて掴まるのが正しい**のです。

しかし電車に乗ると自然と窓側を向いて立ってしまうもの。現在運行されている車両では、この問題を解決するため、どの方向を向いても持ちやすいよう、吊り革に改良が加えられています。

temple of wisdom No.78

地下鉄に「上り」と「下り」は存在しない？

地下鉄に限らず、高速道路などでも「上り方面」と「下り方面」が存在します。基本的に都心に向かう方が「上り」で、田舎へ向かう方が「下り」と覚えておいて間違いはありません。しかし、都心を縦横無尽に走る地下鉄には、異なる定義が適用されているのです。

基本的には、**建設工事を始めた場所が起点となり、その逆が終点**です。起点から終点に向かう線を**「A線」**、終点から起点に向かう線は**「B線」**とされています。

temple of wisdom
No.79

線路の砂利は何のために敷いてあるのか？

線路には必ず大きめの砂利が敷き詰められています。悪い子やカラスなどの動物によってレール上に石を置く、いわゆる置き石が問題になっていますが、わざわざ砂利を敷くのには何か意味があるのでしょうか？

レールの下には枕木と呼ばれる太い木が等間隔に設置されています。これはレールを固定する役割を担っているのですが、**砂利はこの枕木が下に沈まないようにする役割を担っています**。それならば尚更、コンクリートの方がいいのではと思いがちですが、砂利はこれ以外にも大きなメリットを生んでいます。それが、電車とは切っても切れない騒音問題です。砂利と砂利の間に隙間があくため、**振動音を吸収して騒音を抑えてくれる**のです。また、衝撃で砂利が砕けることがありますが、これも騒音の吸収に一役買っています。

ただし砂利にはメンテナンスが必要で、たまにドリルでかき混ぜてあげる必要があります。地下鉄では、このメンテナンス作業が難しいことと、周りに民家がないという理由などから、砂利ではなくコンクリートでレールを固定しています。

落石注意の看板が注意して欲しい本当の意味

temple of wisdom
No.80

山道を運転中、黄色いひし形の看板に**「落石注意」**のマークが描かれたのを見たことがあるでしょう。実際に落石があった場合はどのように回避すればよいのでしょうか？

この看板を見かけたら、多くの人はスピードを落として運転するように心がけると思います。しかし、その心がけは半分正解で半分不正解です。

落石注意の本当の意味は、**「石や岩が車道に落ちている可能性があるので、気を付けて運転しましょう」**。上ではなく下を確認しなさいというメッセージなのです。

大きめの岩が落ちてい

た場合は回避して運転し、細かな石の場合はスリップする危険があるので徐行する必要があります。山道を運転する際には標識の意味をしっかりと理解して、危険を回避しましょう。

temple of wisdom No.81

駐車違反している車にぶつかるのは過失？

人口が密集している上に車社会である狭い日本。取り締まっても取り締まっても後を絶たないのが路上駐車による駐車違反です。

しかし、**運転中に駐車違反の車にぶつかってしまった場合**は過失はどちらにあるのでしょう？

ぶつけた側からすれば、相手は本来駐車してはいけないスペースに駐車している、道路交通法違反の車です。しかし大抵の場合は**10対0でぶつけた側に過失がある**と認められてしまいます。

いくら駐車違反といえど、ガードレールや立て看板などと同じような扱いになるようです。「違反車がいなければ接触事故は起こらなかった！」というぶつけた側の理屈は、残念ながら通用しないのです。

しかし例外はあるもので、例えば急カーブなど見通しの悪い場所に路上駐車している場合や、駐車の仕方が明らかにおかしな場合などは100％ぶつけた側が悪いとはならないようです。

自動車学校も転校できる

temple of wisdom
No.82

小学校や中学校で、両親の都合により学校を転校した経験のある方もいるでしょう。高校や大学になると編入という選択肢もありますが、その他に学校と名が付くものといえば、代表的なのは自動車学校。いわゆる自動車教習所でしょう。**実はこの自動車学校も転校することが可能**なのです。

自動車学校では実技と座学での授業となりますが、全国の自動車学校で教える内容はほぼ決まっており、**学校によって差があるものではありません**。極端な話、何も学校に通う必要はないのです。

となると、一番手っ取り早いのは免許センターに行って実技と筆記試験を受けて合格することですね。しかし、自動車学校を卒業していないと合格率が極めて低く、多くの人は学校に通う手段を選んでいるのです。

そして自動車学校には公安委員会、つまり国に認可された自動車学校と、私立、つまり個人で営んでいる自動車学校とがあります。**転校が可能なのは公安に認可された自動車学校間に限られています**。認可された学校とされていない学校の差は、仮免試験と実技試験が受けられるか否かの違いです。

また、転校先の学校によって、修了済み分の学費を免除してくれるところもあれば、全額を支払わなければいけないところもあります。転校する際には金銭面の心配をする必要があるようです。

第3章 食べ物の雑学

temple of wisdom
No.83

肉の呼び名の由来

馬肉は「さくら」、イノシシ肉は「ボタン」、鹿肉は「もみじ」と花の名が付いていることは皆さんご存知の通りです。では、一体なぜこのような変わった俗称が生まれたのでしょうか？

その起源は江戸時代にまで遡ります。1687年に第5代将軍徳川綱吉により**「生類憐れみの令」**が定められました。人はもちろんのこと、犬や猫、鳥や魚などの生き物から昆虫などに至るまで、全ての生き物の殺生を禁止することを目的とした法律です。

法を破ったものには厳しい罰が与えられたのですが、それでも肉を食べるために、**猟師は隠語を用いて狩猟を続けていた**のです。これが動物の肉を植物の名前で呼び出した由来なのです。

temple of wisdom
No.84

和牛と国産牛の違い

和牛も国産牛も日本で飼育された牛からとれた肉じゃないの？　とお思いの方が多いと思います。しかし**この二つは似て非なるもの**で、違いがあるのです。

どちらも日本で育った牛であることは間違いありません。しかし問題はその品種にあるのです。**和牛に数えられる品種は、黒毛和種・褐色和種・日本短角種・無角和種のわずか4種類**しかいません。有名な松阪牛《まつさかうし》や神戸牛などは和牛に該当します。

一方の国産牛とは、和牛4種以外の牛のこと。つまりは**乳牛用に育てられていたホルスタインなどが、ミルクをとれなくなると国産牛として出荷される**のです。

なお、国産の定義としては、出荷されるまでに日本国内にいた期間の方が長ければ国産と認定されます。極端な例でいえば、アメリカ生まれで2年間アメリカで育ち、日本に輸入されてから2年と1日でもいれば、立派な国産牛となるのです。

しかし、これには輸送費など費用が莫大にかかってしまうため、安上がりに飼育するためや偽造目的では行われることはありません。

和牛の一種である松阪牛（©Copyright Images are generated by Schellack and licensed for reuse under this Creative Commons Licence）

確かに国産牛は海外の牛肉に比べると美味しく、高価ではありません。しかし国産だからといって全ての牛が食肉用に品種改良された種別ではないことを理解しましょう。安い国産牛も所詮はホルスタイン系であり、驚くほどに美味しいわけではないのです。

すき焼きはシラタキの位置に要注意

temple of wisdom
No.85

手軽ではあるものの、日本の食卓ではまだまだ贅沢品であるすき焼き。すき焼きの作り方は家庭によって様々かとは思いますが、**決して肉とシラタキを隣り合わせに置いてはいけません。**

シラタキは言わずもがな糸状のコンニャクのことですが、そもそもコンニャクはコンニャク芋のペーストを凝固させて作られたものです。

この凝固作業の際、石灰を使用するのですが、石灰とはすなわち**カルシウムの塊**のこと。これが肉と最悪な相性なのです。

肉には多くのタンパク質が含まれています。このタンパク質に熱が加えられることで、熱凝固という作用が働き、肉が固くなるのです。

そこにシラタキが加わるとどうなるのか。**シラタキに含まれたカルシウムが流れだしてタンパク質に接すると、なんと熱凝固の作用を早めてしまうのです。**

その上、カルシウムを吸収してしまった肉は、どす黒く変色してしまい、見た目も悪くなってしまいます。

柔らかさがおいしさの秘訣とも言える肉に対して、シラタキを真横に添えてしまうのはすき焼きの美味しさを殺してしまうのと同じです。狭い鉄板の中ではどうしても流れでたカルシウムが肉に触れてしまうのですが、調理の際はできるだけ離して置いたほうがいいのです。

temple of wisdom
No.86

すき焼きの由来と語源

現代では丸く浅い鍋に具材を敷き詰めて調理する方法が一般的ですが、当初のすき焼きは意外な方法で調理されていました。

すき焼きは江戸時代に既に食べられていた料理とされています。しかし現代のように、鍋に食材を敷き詰めて作る方法ではありませんでした。すき焼きは農家の間で広まったとされ、**農作業で土を掘り起こすために使う鋤《すき》の鉄の部分を熱し、そこで肉や野菜、魚などを焼いて食べたのが始まり**です。

その後に全国的に広がりをみせ、庶民的な食べ物として認知されてきました。この頃に東京の下町や関西をはじめとして、割り下を使う現代のすき焼きの形ができ上がったとされます。

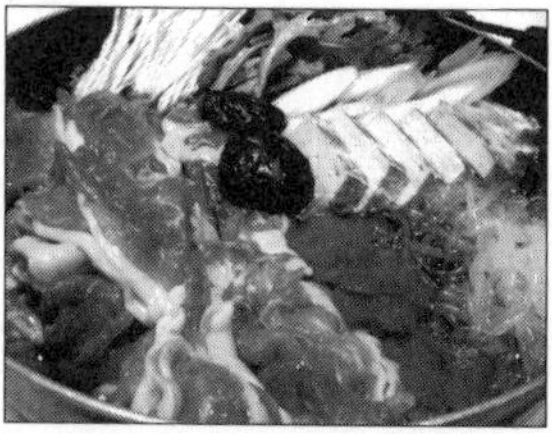

明治時代初期、東京では現在のすき焼きに近い「牛鍋」が流行した。

ビーフストロガノフは牛肉料理ではない

temple of wisdom
No.87

ロシアの代表的な料理であるビーフストロガノフですが、レシピ本などで作り方を見てみると、どのレシピにも牛肉が使われています。ビーフと名の付くからには当然のこととは思いますが、実は**ビーフストロガノフは牛肉料理ではありません。**

誕生した由来は諸説ありますが、その中で最も有力な説をご紹介します。時は18世紀。**ロシアの貴族であるアレクサンドル・セルゲーエヴィチ・ストロガノフのためにこの料理は考案されました。**

晩年のアレクサンドルは大好物であるビーフステーキが食べられなくなっていました。加齢のせいで歯が抜け落ちてきたからです。そこでシェフはビーフステーキの味わいを残しつつ、肉を柔らかく煮込んだ料理を開発。その料理を「ビーフストロガノフ」と名づけました。

つまりストロガノフとは人名から付けられていることがわかります。料理名に人名が付けられることはそう珍しいことではありません。

ではビーフステーキを元に開発されたのに料理名にある「ビーフ」が牛肉を意味していないとはどういったことなのでしょうか。

当然のことながら、料理名はロシア語で命名されました。ロシア語で「бефстроганов」と書きま

ロシアの貴族ストロガノフ

すが、この際にビーフの発音はロシアでは**「ベフ」**と発音します。この「ベフ」はロシア語で**「~風、~流」**を意味しており、つまりは**「ストロガノフ風」**という料理名であることがわかります。

実際にロシアでは牛肉の代わりに鶏肉や豚肉を使ったビーフストロガノフも数多くみられます。

しゃぶしゃぶ鍋の真ん中に穴があるのはなぜ？

temple of wisdom No.88

家庭でしゃぶしゃぶをする場合はあまり目にしないかもしれませんが、外食先でしゃぶしゃぶを食べる際、必ずと言っていいほど**真ん中に煙突のように穴が開いている鍋**が登場します。

この穴は何のために開いているのでしょうか？

しゃぶしゃぶに使われる鍋は中国から伝わったとされています。昔の中国では、**熱した炭を鍋の真ん中に入れて、温めていました**。**煙突のように尖った穴は排気口の役割も果たしましたし、酸素の供給量も多くなるため、火力がアップする効果も得られます**。また、鍋底が狭くなり、鍋肌の面積が多くなることにより温度が一定に保たれるのです。

しゃぶしゃぶのように、お湯の温度が一定に保たれる必要のある料理にはうってつけの鍋というわけです。

temple of wisdom
No.89

「カツ」と「フライ」の違い

どちらもパン粉を付けて油で揚げる料理に違いはありませんが、これは**「カツ」**であれは**「フライ」**といった明確な違いはあるのでしょうか?

多くの人は「カツは肉を揚げる料理、フライは魚を揚げる料理」と答えることでしょう。現代の線引きではその区別で間違いではありません。

しかし**元々は調理法に違いがあった**のです。

日本に初めてカツの料理が伝わった際の調理法は、**牛肉にパン粉を付けてバターで焼き上げる、揚げ料理ではなく焼き料理だった**のです。しかしその味は当初は日本人の舌にあわず、銀座の洋食店の店主が改良を加えたのです。それが現在のカツ。油で揚げるという調理方法なのです。

temple of wisdom
No.90

食べ放題をなぜ「バイキング」と呼ぶのか?

バイキングといえば、焼き肉や寿司、てんぷらやサラダなどなど、ありとあらゆる料理が所狭しと並べられ、食べ放題の料金メニューを思い浮かべる方が多いと思います。しかし、そもそもなぜこの形態がバイキングと呼ばれるのでしょうか？

バイキングは、**1958年に帝国ホテルが始めたものが起源**と言われています。これはスウェーデン発祥の「スモーガスボード」という料理形態をヒントにしたものです。

スモーガスボードとは、バイキングと同様にテーブル一杯に料理が並ぶ形式のこと。コース料理のように前菜から取り分けていき、食べ終わったらその皿を片付けて次の料理へと進みます。

帝国ホテルがこのサービスにバイキングと名付けたきっかけは、当時話題になっていた**映画「バイキング」**でした。劇中で海賊たちがテーブル一杯に並べられた料理を豪快に食べている姿が印象に残り、ここから命名されたのです。

ネギトロの「ネギ」は長ネギのネギではない

temple of wisdom
No.91

まぐろの中落ちを包丁で叩き、その上にネギを刻んで散らす。丼や寿司の定番の海鮮メニューです。料理名は長ネギとトロ（マグロ）で「ネギトロ」と思っている方が多いのではないでしょうか？

ネギトロは、東京浅草の金太楼鮨本店にて、まかないの創作寿司を常連に出したのが始まりと言われています。

中落ちと呼ばれる骨の隙間にある赤身や、すき身と呼ばれる筋の多い部位や、皮の裏などの脂身をこそげ落として叩いたものがネギトロです。**この中落ちやすき身をスプーンでそぎ取ることを、仲間内で「ねぎる」、「ねぎ取る」と呼んでいたことが、「ネギトロ」の語源**と言われています。つまり、野菜のネギは関係ないのです。

ウナギやアナゴの刺身ってどうしてないの？

temple of wisdom
No.92

ウナギやアナゴは蒲焼きやお寿司で食べますが、刺し身などの生食用は見たことがありません。単純に美味しくないから流通していないのでしょうか。

そうではありません。**ウナギやアナゴの血液に含まれるタンパク質には、イクチオヘモトキシンという強い毒が含まれています。**主に哺乳類に対して有毒であり、体内で吸収されると下痢や嘔吐などの中毒症状を引き起こし、最悪の場合は死に至ります。血液が眼球に触れてしまった場合は網膜炎を引き起こし、ひどければ失明に至ることもある恐ろしい毒なのです。

ただ、**この毒は60度で5分以上加熱することで毒性を完全に取り除ける**ため、ウナギは蒲焼きなどの火を通した調理で食べるのが一般的となっているのです。

ちなみに、血液を完全に取り除いた上で、酢締めをして殺菌調理を行えば生でも食べられるようです。もし捌《さば》かれる前の状態のウナギを入手した際には、十分な注意を払って調理を行うようにしましょう。切り傷や擦り傷などの傷口にウナギの血が付着した場合も、炎症を起こしてしまいます。

生食用牡蠣と加熱用牡蠣の違いは鮮度ではない

temple of wisdom

No.93

その豊富な栄養素から海のミルクとも呼ばれる**「牡蠣《かき》」**ですが、スーパーで売られている牡蠣を見ると**「生食用」**と**「加熱用」**の2種類が売られていることに気付きます。

しかし、加熱用だからといって鮮度が劣っているわけではありません。**同じ日に水揚げされ、同じ日に出荷された牡蠣が、生食用と加熱用とで分けられる**のです。では一体何を基準に分けられているのでしょうか？

答えは、**「どこの海域で採れたか」の違い**です。

牡蠣は体内で菌が繁殖してしまい、それを人間が口にすると食中毒になってしまいます。生食用の牡蠣として出荷できる海域は保健所によって指定されており、しっかりとした除菌、滅菌処理が行われた状態で養殖されているため、食中毒の危険性はないということです。

加熱用の方がより多くの栄養素が含まれているといわれています。また、生食用の牡蠣は内臓をきれいにするために数日間の断食状態にする必要があり、身が痩せてしまうとの情報もあります。

食感や喉ごしを楽しむのであれば断然生で食べる方が良いでしょう。しかし大事なのは、生で食べる際は必ず生食用の牡蠣を食べることです。安いからといって加熱用の牡蠣を生で食べてしまうと、痛い目をみてしまいます。

temple of wisdom
No.94

タコスミ料理がないのはなぜ？

外敵から襲われたり身の危険を感じた際に、イカもタコも墨を吐いて身を隠します。

タコの墨は煙幕のようにブワッと広がるのに対し、イカの墨は紡錘形《ぼうすいけい》にまとまって、さも自分の分身を作り出すかのように墨を吐きます。敵の目をそちらに向けて、自分は身を隠そうというわけです。

このうちのイカの墨はパスタやリゾット、パエリアなどの料理によく使われますが、**タコスミ料理は見かけません**。どちらも同じように思えますが、なぜイカスミ料理はたくさんあるのにタコスミ料理は存在しないのでしょうか？

よく、「タコの墨には旨味成分の元となるアミノ酸が含まれておらず、味がしない」と言われることがありますが、これは嘘です。実際にはアスパラギン酸やグルタミン酸などのアミノ酸が豊富に含まれています。

しかしタコの構造上、**墨袋が非常に取り出しづらく、苦労して取れたとしても一匹から取れる墨の量は非常に僅か**です。さらにイカスミと比べると粘液性がないために**サラッとしすぎていて、調理の際にも扱いづらい**。これらの不便さが相まって、タコスミよりもイカスミが使われるのです。

temple of wisdom
No.95

「ごはん」と「ライス」は別もの？

ごはんは英語でライス。このことに間違いはありません。しかし少なくとも日本においては、この二つには**明確な意味の違いがある**のです。

ごはんとライスの違いは何でしょう？　と聞いてみると色々な意見が出ると思います。

「お茶碗に盛るのがごはん、お皿に盛るのがライス」「箸で食べるのがごはん、フォークやスプーンで食べるのがライス」「日本の料理はごはん、外国から伝わった料理はライス」など。

これらはいずれも不正解です。ただし3番目の回答は正解に近い考え方です。

どの家庭でも、ごはんを炊く際の手順としては、米を研いで炊飯器にセットし、火にかけて炊き上げる、という方法がポピュラーだと思います。

このように炊き上げたお米は、**ふっくらとして水々しく、粘り気が強い**のが特徴です。これをごはんと言います。

次に別の炊き方をご紹介しましょう。米を研いで炊飯器にセットし、火にかけます。その後、**一度水を捨ててから改めて水を入れて炊き上げます。**

こうすることでごはんに比べて粘り気が少なくお米が炊き上がります。これがライスです。

まとめると、**両者の違いはお米の炊き方と、炊き上がった後の粘り気**にあります。西洋料理では米の粘り気が料理に合わないことが多いため、わざと粘り気を落としたライスを使用するのです。

しかしながら日本においては、必ずしも全ての洋食屋さんがライスを提供しているわけではありません。カレーを例にとってみても、日本人の口にはごはんの方が合っているでしょう。

この辺は非常にあやふやな線引きがされていますが、もし何かのときに「ライス炊いて！」と言われたら、一度水を入れ替える炊き方で作ってあげましょう。

なぜ食パンだけに「食」という字がつくのか？

temple of wisdom
No.96

パンは全部食べられるものです。にもかかわらず、食パンだけに「食」の字がついているのはなぜなのでしょうか？

実は「食パン」というネーミングになった理由については、次のように諸説あります。

・デッサンの際に消しゴム代わりに使うパンと区別し、食用のパンだとわかるようにするため
・菓子パンと比べて食事用のパンであるため
・フライパンなどのパンと混同しないため

いずれにしても**他のパンとの差別化のために名付けられた**のは間違いないようです。

ちなみに、食パンの外側の茶色い部分を「耳」といいますが、この正式名称は「外皮」といいます。また、中身の白い方は「内相」といいます。

コッペパンの「コッペ」って何？

temple of wisdom
No.97

給食で定番だったコッペパン。プレーンのものもあれば、ジャムやマーガリン入りのもの、焼きそばやコロッケが挟まったものなど幅広い商品展開をしています。さて、そんなコッペパンの「コッペ」とは一体どういう意味なのでしょうか？

実は**コッペパンはフランスパンの仲間**です。フランスパンといえば固くて長いというのが特徴的ですね。

ちなみに、フランスパンという呼び方は日本だけで使われており、ネーミングの理由も、フラン

スで一般的なパンだからフランスパンという安易なもの。本場フランスでは、「杖」を意味する「バケット」と呼んでいます。

　フランスパンにはいくつか種類があり、最も長いものを「バケット」と言います。それよりも短いものが「バタール」、さらに短いものを**「クッペ」**と呼びます。このクッペが、日本のコッペパンと形がそっくりなのです。つまり**「クッペパン」が転じて「コッペパン」と呼ばれるように**なったのです。

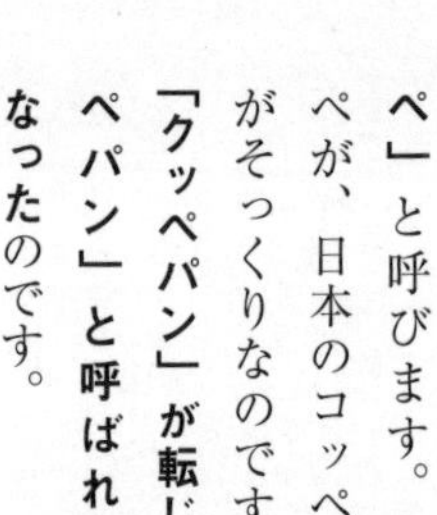

temple of wisdom
No.98

腐っていないのに「豆腐」と書くのはなぜ？

　豆腐は腐っていないのになぜ腐った豆と書くのでしょうか？

　漢字の意味を知ればその謎を解くことができます。「腐」とは誰しもが抱くように、腐るイメージや、鮮度がなくなって傷んでいる様を表す漢字に捉えられます。

　しかしそれ以外の意味として、**「ぶよぶよと柔らかい」**や**「塊《かたまり》」**を意味する漢字でもあるのです。このことから、豆が腐ってできる食べ物ではなく、**豆を材料とした柔らかく固めた食べ物**であるということが分かります。

　とはいえ、やはり食べ物に「腐」という漢字が入っているとイメージはよくないものです。気の利く飲食店では「腐」のかわりに「富」という字を使い、「豆富」と明記している場合もあるようです。

temple of wisdom No.99

野菜と果物の区別、どうしてますか？

スイカは果物なのか野菜なのか。こうした野菜と果物の線引きに関する疑問は、よく話題にあがります。一体どこからが野菜で、どこからが果物なのでしょうか？

農林水産省によれば、「草の葉や実を食べるもので、一年草（毎年タネを植える必要がある）のものは野菜」「木に成る果実で、一度植えれば何年も収穫できるものは果物」と定義しているようです。

しかしこれでは問題となるスイカ、そしてメロンやイチゴなども野菜に分類されてしまいます。これらは世間一般的には果物に分類されるべき食べ物。そこで都合のいい言葉が誕生しました。**「果実的野菜」**という言葉です。

あくまでも「果実的」であるため、分類上は野菜に分類されます。

青果市場などでは、「調理、または少なからず手を加えて食べるものが野菜」「そのまま食べられるのが果物」とあります。野菜でもそのまま食べられるものがあるじゃないかという意見もありますが、この分類上では、サラダであっても多少の手間をかけているとみなしているのです。

このように、**定義はしっかりしているようで実はちょっと曖昧な野菜と果物の分類**。この先、「それだ！」と思わせてくれる定義は誕生するのでしょうか。

temple of wisdom
No.100

ゴボウを食べるのは日本人だけ？

ゴボウは食物繊維に富んだ、非常に栄養のある食材です。歯ごたえもシャキシャキで小気味よく、和食の定番ともいえるでしょう。

世界的に見てゴボウを食べる習慣のある国はごく僅かです。その内の一つが日本。ゴボウは中国から伝わってきましたが、当時は食品としてではなく、**薬として伝来**しました。

原産地は中央アジアで、それが日本に入ってからは品種改良が進められ、野菜として食べられるようになったのです。

戦争で日本の捕虜となった西洋人は、「日本人に木の根を食べさせられた」といい、捕虜虐待の罪で国際裁判にまで発展したそうです。

「きんぴらごぼう」のきんぴらって何？

temple of wisdom
No.101

一般的なきんぴらごぼうはニンジンとゴボウが使われています。ではニンジンのことを「きんぴら」と呼ぶのでしょうか？

きんぴらとは素材の名前ではなく、調理方法を指しています。主に根菜などを醤油と砂糖を加えて甘辛く炒めたものを、きんぴらと呼びます。

きんぴらは漢字で**「金平」**と書きます。これは**坂田金時の息子である、坂田金平のこと**。坂田金時という名前を聞いても誰のことか分からない方も多いでしょう。何を隠そう**坂田金時は、日本の昔話で有名な「金太郎」の本名**なのです。

ゴボウは昔から精がつく食べ物とされていました。きんぴらごぼうという呼び名は、シャキシャキの歯ごたえで食べると精がつくというゴボウのイメージが力持ちでたくましい印象のある金太郎のイメージと重なってつけられたのでしょう。

それならば息子の名前ではなく、金太郎本人の名前でよかったのでは？　と思うのは私だけでしょうか。

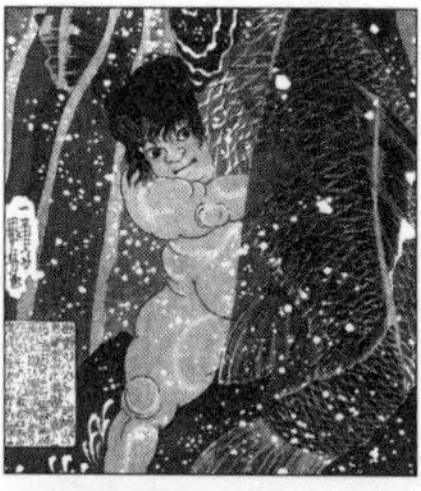

浮世絵師歌川国芳が描いた坂田金時こと金太郎

temple of wisdom No.102

精進料理でも食べてはいけない野菜がある

禅宗の修行僧が始めた精進料理は、肉食を禁じる戒律を守るために考案されたといいます。野菜や豆などの植物を主な食材にしていますが、実は**野菜なら何でも大丈夫というわけではない**のです。

精進料理では、**三厭《さんえん》五葷《ごくん》**の食べ物をとることは禁じられています。

三厭とは肉、鳥、魚のこと。殺生にあたるとされるので当然ながらご法度です。

そして五葷とは、**ニラ・ネギ・ニンニク・ショウガ・タマネギの5つで、いずれもネギ属に属しており、香りの強いことが特徴**です。これらの食材には滋養強壮の効果があり、**煩悩を刺激することで修行の妨げになる**という理由から、食べてはいけない食材になっているのです。

temple of wisdom No.103

カボチャを英語でパンプキンと言うのは間違い

日本では、カボチャを英語でパンプキン（Pumpkin）といいますが、実は本当の呼び名はちょっと違うんです。

パンプキンとはアメリカなどで生産されている、皮も身もオレンジ色のカボチャを指します。ハロウィンで使用される種のカボチャですね。

一方、**緑色のカボチャのことはパンプキンとは呼びません**。緑色のカボチャは英語で「スクウォッシュ（Squash）」と呼びます。日本で作られているニホンカボチャなどは、海外ではカボチャ・スクウォッシュ（Kabocha Squash）と呼ぶそうです。

しかし全ての英語圏でカボチャをスクウォッシュと呼んでいるわけではなさそうです。少なくともオーストラリアでは、全てのカボチャをパンプキンと呼んでいるようです。

カボチャの名前の由来はポルトガル？

temple of wisdom
No.104

カボチャの原産国はアメリカです。しかし「カボチャ」という名前の由来は英語ではなく**ポルトガル**が関係しているのです。

日本にカボチャがやってきたのは1500年頃。

北九州の港にやってきたポルトガル船によってもたらされました。その船に積まれていたカボチャはカンボジアから持ってこられたものだったのですが、**「カンボジア」が訛って「カボチャ」に変化し、名称として定着するようになった**のです。

では漢字で「南瓜」と、「南」の字がつくのはなぜなのでしょう？

この南という字は**「南蛮渡来」**を意味しています。南蛮とは元は南方の野蛮人の略語で、古くは東南アジア地方を指す言葉でした。ポルトガルなどの貨物船は東南アジアを迂回して日本にくるため南蛮渡来という言葉が生まれます。

つまりカボチャは、「南蛮渡来でやってきた瓜」という意味なのです。

temple of wisdom
No.105

大根の本当の色は白ではなく無色透明

大根は日本人の食生活になくてはならない食品の一つと言えるでしょう。おでんや煮物などでメインを飾ったり、刺し身のツマや大根おろしとして名脇役を飾ったりと、食卓で大活躍です。

さて、生の大根は白い色をしていますが、おでんなどで煮たものは透明に見えます。それもそのはず、**大根の本当の色は無色透明**なのです。

大根は白い色素を持っているわけではありません。大根の表面には無数の小さな穴が開いており、その中に含まれた空気に光が当たって乱反射を起こすことで、人の目に届くまでに白い色として見えるわけです。

しかし、大根を煮ることによって中の空気が外に出されてしまうので、煮ることで本来の透明な色が見られるというわけです。

temple of wisdom No.106

グレープフルーツはブドウの仲間？

ミカンを二回りくらい大きくして、酸っぱさをレモンより控えめにしたような果物であるグレープフルーツ。「グレープ」と名の付くからには実はブドウの仲間だったりするのでしょうか？

グレープフルーツは、**ブドウの仲間ではなく柑橘類に分類されます**。ミカンやオレンジ、レモン、ライム、日向夏のように、非常に多くの種類が柑橘類に含まれます。皮は厚めで色はオレンジ色や黄色のようなパッションカラー、果肉は酸っぱさが強いのが柑橘類の特徴といえるでしょう。グレープフルーツにも多数の種類が存在し、果肉の色によってルビーやホワイト、ゴールドのように分類がされています。

ではブドウの仲間ではないのになぜ名前にグレープとつくのでしょうか？　グレープフルーツの木は最大で15メートル程にも成長します。この木のいたるところにグレープフルーツは実を付けます。リンゴの様に一つひとつが独立して垂れ下がるのではなく、**複数個のグレープフルーツが身を寄せ合うように垂れ下がっています。**その姿はまるでブドウの房のよう。

そうです、グレープフルーツの「グレープ」は、**その実のなり方がブドウの房のように見えることから名付けられた**のです。

ちなみに、国別の生産量は中国が2位を大きく引き離して単独トップに君臨しています。その量は年間で3・6トン。世界中の生産量の45・7%を中国だけで占めています。

木になるグレープフルーツ。ブドウの房のように複数の実がまとまって生えている。

temple of wisdom
No.107

バナナの黒いシミはなぜできる?

バナナが熟してくると、皮の表面に黒いシミが沈着してきます。この黒い部分はなぜできるのでしょうか?

バナナは熱帯の果物です。冷たい外気に触れることで自らの細胞が破壊され、その際に発生する酵素などの働きによって皮が黒く変色するのです。

この黒いシミのことを**「シュガースポット」**といいます。直訳して「砂糖の場所」ということからもわかる通り、**熟されて甘みが増している**のです。

つまり、黒いシミができているからといって、傷んでいたり食べられないわけではありません。

むしろ、甘味が引き立っている証拠ですし、わざと黒いシミができやすいようにバナナを置いておける専用スタンドが売られているほどです。

アンデスメロンはアンデス山脈で作られる？

temple of wisdom
No.108

メロンといえば「アンデスメロン」を思い浮かべる方も多いのではないでしょうか。アンデス山脈がそびえる南米の温暖な気候によって栽培されたフルーツは、さぞ美味しいのだろう、と思いきや、実は**アンデスメロンは南米のアンデス山脈とは全く関係のない、日本原産のメロン**なのです。

アンデスメロンは株式会社サカタのタネが品種改良によって作り出した、立派な国産メロンです。耐病性に優れた品種で栽培がしやすいことから、「作って安心」「売って安心」「買って安心」という意味を込め、**「安心ですメロン」**と名付けられました。しかし語感が悪いことと、メロンは「芯《しん》」を取って食べることをかけて、「安心《あんしん》です」から「しん」を取り、「あんです」という名称になったのです。

マスクメロンの「マスク」ってどんな意味？

temple of wisdom
No.109

耐病性が低く、栽培が難しいとされ、メロンの王様とも称されるマスクメロン。栽培は徹底した温度、湿度管理のもとで行われ、一本のツルから一個のメロンしか収穫することができません。このため、非常に高価ではありますが、手間隙をかけた分、その美味しさもまたトップクラスです。

さて、このような特徴をもつマスクメロンですが、そもそも「マスク」とはどのような意味なのでしょうか？

マスクメロンに限らず、メロンは皮の表面に浮かび上がった網目模様が印象的ですね。これは皮よりも中身の成長が早いせいで、皮が内部からの圧力に耐え切れずヒビ割れが起こり、かさぶたのようになったものなのです。この網目模様がマスク（仮面）のように見えるからマスクメロン、と思ってしまいがちですが、**マスクメロンに「仮面」という意味はありません。**

マスクメロンは英語で「Musk Melon」と書きます。**「Musk（ムスク）」とは香りのこと。**豊満な香り高い品種であることからムスクメロンと名づけられたのですが、それが次第に訛っていき、マスクメロンと呼ばれるようになってしまったのです。

temple of wisdom
No.110

二十世紀梨は十九世紀に作られた

梨の品種といえば二十世紀梨を想像する人も多いでしょう。国内生産量第三位を誇り、日本人に愛されている和梨です。実はこの二十世紀梨は十九世紀に発見されたものなのです。

1888年、千葉県に住む13歳の少年が、ゴミ捨て場に自生していた梨を偶然にも発見。それが新種の梨だったのです。当時は「新太白」と名づけましたが、10年後の1898年に、「少年よ、大志を抱け」で有名なクラーク博士の教え子である**渡瀬寅次郎**が「二十世紀梨」に改名しました。

つまり発見されたのは十九世紀ですが、**「数年後には二十世紀になる。二十世紀で梨の王様となるだろう」という願望を込めて命名されたの**です。

時は過ぎ、二十一世紀になった現代でも改名はされていません。もし改名しようとしても、「二十一世紀梨」という同じ読みの梨がすでに登録されているため、種苗法の定めによって改名することは不可能なのです。

21世紀梨の名づけ親・渡瀬寅次郎（画像引用：「学校法人関東学院」http://www.kanto-gakuin.ac.jp/?rinen=p545)

料理の「さしすせそ」には化学的根拠があった

temple of wisdom
No.111

料理の「さしすせそ」と言えば、味付けの基本中の基本。砂糖、塩、酢、しょうゆ、味噌のことです。「さしすせそ」の順番で味を付けることを**「サ行の原則」**といい、この順番で調理をすることで味がしっかりしみこむと言われます。実は**この法則には科学的な根拠がある**のです。

謎を解くカギは**「浸透圧」**という現象にあります。浸透圧とは、簡単にいうと二つの隣り合った溶液が同じ濃度になろうと作用する力のことです。

サ行の原則の中で最も大切なのは、固形物である砂糖と塩の順番です。分子レベルで見ると、砂糖より塩の方が粒が小さいことがわかります。これにより、もし塩を先に投入してしまった場合、食材の中に塩分が隙間なく浸透していき、粒の大きい砂糖が後から入ってきても、受け付け辛い状態を作り上げてしまうのです。

それを裏付けるために、砂糖と塩をサ行の原則に従って調理した料理と、サ行の原則と逆の順番で調味料を入れて調理した料理の成分を分析した実験が行われました。その結果、逆の順序で作った料理は上手に味が染み込まず、しょっぱさのレベルが高い数値が出ました。

今では科学的に根拠を唱えることができますが、昔の人はこれを直感的、経験的に理解して料理を作っていたのでしょう。

temple of wisdom
No.112

薄口醤油と濃口醤油の違いは塩分量ではない

日本は世界と比較してもトップクラスに塩分摂取量が高い国です。それは醤油や味噌などが原因と言われています。特に醤油は直接料理にかけたり付けたりする機会が多いため、注意が必要です。

日本人にとってなくてはならない醤油ですが、**濃口《こいくち》と薄口《うすくち》の違い**が何かご存知でしょうか?

JAS（日本農林規格）によると、色合い・塩分量・エキス分・香りなどの項目で細かな基準が用いられています。この中から、代表される2種類の塩分量と色合いの違いを見てみましょう。

濃口醤油は塩分量16％で色は透明感のある明るい赤橙色。**薄口醤油は塩分量18％**で、濃口と比較して約3分の1の淡さです。

薄口醤油の塩分量は濃口醤油よりも多いことが分かります。ではなぜ薄口というのでしょうか? それは色が薄いからなのです。色が濃くならないように発酵を抑える必要があり、そのために塩を多く使う必要があるのです。

健康を気づかって薄口醤油を選択するのは間違い。減塩またはうす塩と書かれた醤油を選ぶようにしましょう。

伯方の塩がメキシコ産なのに国産品な理由

temple of wisdom
No.113

「は・か・た・の塩！」のテレビＣＭでおなじみの伯方《はかた》の塩ですが、実は**国内でとれた塩ではありません**。しかし原産国は日本になっています。

まずは結論からお話ししましょう。伯方の塩の塩は、メキシコやオーストラリアから輸入されています。しかしそれを偽ってあたかも国産品のようにしているわけではありません。それを語るにはまず塩の歴史を紐解く必要があります。

かつて塩は国による専売制でした。販売していたのは日本専売公社。タバコを販売しているＪＴの前身となる特殊法人です。１９７１年には「塩業近代化臨時措置法」が成立し、塩田での製塩から化学的な製造へと塩の作り方が変わります。

その後、１９９５年に日本専売公社が解散。１９９７年には塩の専売制が廃止になり、２００２年４月にようやく塩の販売は自由化されたのです。

しかし消費者からは自然塩復活の要望が強かったため、国が輸入している天日塩田塩を原料にした製塩を認めました。それが「伯方の塩」です。**専売法により、日本の海水から直接製塩することが禁止されていた**ため、日本国内で塩を製造するには、専売公社が輸入したメキシコやオーストラリアの天日塩田塩を使用するしか方法がなかったのです。

伯方の塩はメキシコやオーストラリアで作ら

れた塩を輸入し、日本でかん水（濃い塩水）に戻した後、塩に作り直しています。

農林水産省のガイドラインには「その商品の内容について実質的な変更をもたらす行為が行われた国内の地域が原産地となります」とあることから、原産地は日本であるということが言えるのです。

2002年以降、塩の製造販売は自由化されましたが、安定した製品が安く製造可能なことなどの理由により、現在でも輸入塩を国内で加工する手法がとられています。

伯方は愛媛県にある瀬戸内海に浮かぶ島です。伯方の塩という商品名には、「科学的に塩が作られる時代になったけれども、それでも伯方島の塩田を復活させたい」という願いが込められているのです。

関西と関東のダシの違いには根拠がある

temple of wisdom
No.114

うどんや蕎麦を代表として、関西と関東ではダシの味に違いがあります。関西のダシは透き通ってサッパリしており、関西人に言わせると関東のダシは濁っていて濃すぎると言われています。一体なぜ東西でこのような差が生まれてしまったのでしょうか？

一般的に関西では昆布だしを、関東では鰹だしを用いることが多いようですが、**違いは水の硬度にある**ようです。日本の水はカルシウムイオンとマグネシウムイオンがあまり含まれていない**「軟水」**です。しかしその硬度は地域によって若干の違いがあります。

関東の水は他の地域に比べて硬度が高く、硬度の高い水で昆布だしを取ろうとすると、アクが強く出てしまい美味しくありません。そのため関東では鰹節でだしを取るのです。

また、昔の食品流通事情も、関東に昆布だしが浸透しなかった理由の一つです。当時の昆布の主な産地は北海道。全国で採れた食材は「天下の台所」と呼ばれた大坂に真っ先に搬送されました。ここで品質の高い昆布は全て買い取られ、余り物が関東やその他の地域に回されたのです。

こういった事情が重なり、現代のだし競争が実現されているのです。

temple of wisdom
No.115

黒コショウと白コショウは同じコショウ？

力強い香りと辛さをもち、肉料理と相性抜群の黒コショウ。それとは対照的に淡白な辛さで、魚料理と相性抜群の白コショウ。はるか昔にはコショウは非常に高級品であり、金銀などと同等の価値があったとされています。現代の食卓には欠かすことのできないこのスパイスの違いは何なのでしょうか？

コショウは蔓《つる》性の植物になる実から精製されます。このコショウの蔓は最大で9メートルにも達します。コショウの実はトマトのように、緑色から赤色へと熟していきますが、**どの過程でどのように手を加えるかによって分かれている**のです。

黒コショウは、実が熟す前の緑色の実の段階で採取され、皮をつけたまま乾燥させます。天日で乾燥させることで、緑色の実はみるみる黒くなり、おなじみの黒コショウができ上がります。

一方の白コショウは、実が熟して赤くなってから採取されます。採取した実はまず2週間程水に浸してから皮を取り除き、その後に乾燥させます。皮を取り除いてしまうため、皮から出る色素や渋みがなくなり、ツルッとしたあっさりな味わいのコショウとなるのです。

コショウの実

バターは元々、食品ではなかった

temple of wisdom
No.116

お菓子作りから料理まで幅広い分野で使用されるバターですが、元々は**食用として使われていたわけではありませんでした。**

初めてバターが作られた記録は残念ながらあま

り明確ではありません。一説によると、遊牧民が移動の際に持ち歩いた牛乳から、偶然バターができ上がっていたといいます。これが初めてバターが作られた出来事なのかは定かではありませんが、少なくとも**紀元前2000年頃には既に作り方が確立されていた**と思われています。

これがヨーロッパ地方に伝えられると、**兵士や動物の傷薬として塗って使われたり、整髪料、ランプの油としても使われていました**。つまり食用で使われることは一切なかったのです。

ところがヨーロッパ地方では、寒さから食べ物が作れず、深刻な飢餓状態が続くことがありました。そのとき、空腹のあまりに普段は全く口にすることのないバターを食べてみたところ、初めてその美味しさに気付いたと言われています。

そんなバターが日本に伝えられたのは江戸時代のこと。ヨーロッパと同じく将軍などの傷薬として使われていましたが、食用になったのはなんと明治時代に入ってからで、日本での歴史は意外と浅いのです。

卵は摂取カロリーより消化カロリーの方が高い

temple of wisdom
No.117

一昔前にゆでたまごダイエットというものが話題になった時期がありました。**ゆでたまご一個分の摂取カロリーよりも、ゆでたまご一個分を消化するために必要なエネルギーの方が高いので、**食べれば食べるほど痩せる、といったものでした。

ゆでたまごそのものは消化の悪い食べ物です。消化が悪いということは、それだけ胃や腸の働きが大きくなり、多くのエネルギーを必要とします。このことが、ゆでたまご一個分の摂取カロリーよりも消費カロリーの方が多いと言われるゆえんです。

実際にゆでたまごダイエットに挑戦した記録はいくつでもネット上に載っています。それによると、一日多くても10個までとして二週間ほど食べ続けると、効果が出てくるようです。

しかし体重は減るものの、**栄養素が偏るため、肌荒れや便秘などの諸症状を引き起こしがちになる**そう。ゆでたまごダイエットに挑戦する際は、野菜や果物も同時に食べるようにして、食物繊維や糖質を取ることも大切です。

ミネラルウォーターは絶対に腐らないが……

temple of wisdom
No.118

日本の水道技術は世界でもトップレベル。しかしやはり都会の水道水はあまり飲みたくないのは贅沢病なのでしょうか。ミネラルウォーターを買う方も少なくないでしょう。**実はこのミネラルウォーター、絶対に腐ることがないんです。**

まずは食べ物が腐るメカニズムをご紹介しま

しょう。**食べ物が腐るのは、カビなどの細菌が繁殖してしまうせい**です。細菌は空気中を漂っており、食品の中に含まれるタンパク質などの**有機物**を餌に成長を続けます。収穫後や製造後に正しい保存方法をするか、すぐに食べてしまえば問題はありませんが、長時間放置すると、細菌がどんどんと繁殖してしまうのです。

しかし、ミネラルウォーターに含まれている成分は、カルシウムやマグネシウムなどの元素。つまり**無機物**です。ということは、論理的にはミネラルウォーターは絶対に腐らないのです。

一方で、ミネラルウォーターのペットボトルにはしっかりと賞味期限が記載してあります。実はペットボトルには微弱の気体透過性があり、周りの空気を通してしまう性質があります。そのため、長期間保存しておくことで「臭い」がミネラルウォーターへと移ってしまうのです。

賞味期限を過ぎても飲めないわけではありませんが、念のために記載を守って飲んだ方が無難といえるでしょう。

ワインのボトルの底が盛り上がっている理由

temple of wisdom
No.119

ワインのボトルをよく見てみると、**底の部分が山のように盛り上がっている**のがわかります。なぜ盛り上がっているのでしょうか？

ワインはブドウを発酵させた醸造酒で、ボトルに入れられてからは品質を保つために、暗くて振動が少なく、適度に湿度があり、常に13度前後の環境で保存する必要があります。

長く保存するほど、成分のタンニンなどが底に沈殿してしまいます。ワインをグラスに注ぐ際、**普通のボトルでは沈殿物がワインに混ざってしまい、品質が劣化してしまいます。**

これを回避するため、ワインの底が山のように盛り上がっているのです。こうすることでボトルを傾けても、山のふもと部分に沈殿物がひっかかって残ってくれるというわけです。

temple of wisdom
No.120

コカ・コーラの「コカ」の意味は？

１８８６年の販売開始からおよそ１３０年の歴史を持つ炭酸飲料。つい飲みたくなる中毒性から、麻薬のコカインが入っているとの噂もありますが、それもあながち間違ってはいないのです。

コカ・コーラは、**コカの葉とコーラの実を原材料**に使用し、そこに様々な香料やエッセンスを加えて作られています。

コカの葉とはもちろんコカインを製造するため

コーラを飲み過ぎると骨が溶けるって本当？

temple of wisdom
No.121

の植物です。しかしコカの葉自体には依存症や精神疾患を引き起こす作用はほとんどありません。むしろ高山病の薬としても使用されている程です。

このコカの葉を高濃度で抽出することで、麻薬のコカインを作ることができます。この状態のコカが精神異常を引き起こす麻薬となるのです。

しかし驚くことに、コカインが麻薬として違法になるまでは、**コカ・コーラにも微量のコカインが含まれていました**。もちろん、現在のコカ・コーラにはコカインは含まれていません。

材料に使うコーラの実とは、コーラという植物になる実のことです。この実は**コーラ・ナッツ**と呼ばれ、微量のカフェインが含まれています。タバコなどと同様に、嗜好品として実をかじって楽しんでいる地域もあるようです。

コカ・コーラだけでなく、様々なコーラ飲料はこのコーラの実のエキスを抽出して原材料として使用します。ただし、コーラ飲料でもこのエキスを使用しないで作られているもののもあるので、コーラの実のエキスを使用しなければコーラ飲料ではないということはなさそうです。

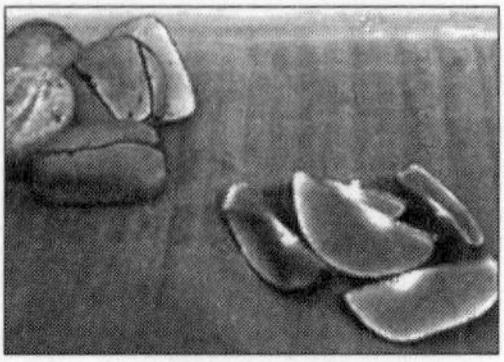

コーラ・ナッツ

昔から「コーラを飲むと骨が溶ける」といいます。果たしてそれは本当なのでしょうか？

カルシウムとは人体に欠かせない栄養素の一つ。言わずもがな骨を作るための栄養素です。しかし人間の体からカルシウムを生み出すことはできないため、食品などによってカルシウムを摂取する必要があります。もし、カルシウムをきちんと摂取しないと健康状態に異常が生じ、**カルシウム不足がひどくなると、体は既にある骨を溶かしてカルシウムを生成しようとします**。このことで骨が細くなったりもろくなったりします。

では、コーラによって骨が溶けることはあるのでしょうか？　確かに**炭酸は酸性ではありますが、それ自体に骨を溶かす程の力はありません**。

恐らく、コーラや他の炭酸飲料ばかり飲んでいると、栄養が偏って骨が弱くなることを危惧した大人たちから、コーラを飲むと骨が溶けてしまうという迷信が生まれたのではないでしょうか。

ビールの泡が長持ちするのはなぜ？

temple of wisdom
No.122

コーラを始めとする炭酸飲料をカップに注いだときに、ふと思ったことはありませんか？「ビールみたいに泡が残ってくれれば美味しそうなのに」と。なぜ炭酸飲料はビールの様に泡が残ってくれないのでしょうか？

ビールもコーラも、シュワシュワとしている正体は、どちらも同じ炭酸です。ではなぜビールの泡だけが長持ちするのでしょうか。

それは、**ホップに含まれる苦味の成分と、麦芽に含まれるタンパク質が表面の泡に吸着することで、粘り気が強くなっているから**です。このお陰で、きめ細かな泡立ちとなり、泡と泡とがクリーム状になって消えにくいというわけです。

一方、炭酸飲料の場合は、きめ細かな泡立ちとなる成分が全く含まれていません。技術的に「残る泡」を作ることは容易ですが、残念ながら美味しくはならないそうです。

ジュースとは何か？　ドリンク表示規制の謎

temple of wisdom
No.123

ジュースと聞くと、コンビニや自動販売機で売っている様々な飲み物が想像できますが、実際は自動販売機で売っているような飲み物で**ジュースと呼べるものはほんの一握り**です。

1967年に改正されたJAS法によると、果汁100%のものをジュースと呼称するとのこと。正確にいえば**果汁100%以外のものはジュースという名称で販売することができない**のです。

しかしやはりどんな飲み物でもジュースで通用するあたり、一昔前のお母さんがテレビゲームを全部ファミコンと呼んでいたことを思い出します。

缶入りのお茶がプシュっと開くのはなぜ？

缶入りのお茶のフタを開けると「プシュ」っという音が鳴ります。炭酸飲料であれば分かりますが、なぜお茶の缶でも音が鳴るのでしょうか？

お茶（緑茶）は酸化が早い食品で、酸化によって味や品質が劣化していってしまいます。酸化とは、字のごとく、酸素、つまり空気に触れることによって進んでしまうのです。

そこで缶入りのお茶にある工夫がされました。**常温では無味無臭で人間に無毒である窒素を、缶の中に充填した**のです。空気中の80％を占める窒素を噴射することにより、酸素を追い出しているのです。缶のフタを開けたときにプシュっという音がするのは、充填されていた窒素が外へと抜けだしているのです。

緑茶飲料の大手メーカーである伊藤園に問い合わせたところ、現在のペットボトル飲料には窒素が含まれているとの回答をいただきました。酸素に触れさせないための最低限の量の窒素を入れているため、開けてもプシュっという音は聞けないのだそうです。

なぜペットボトルの牛乳は販売されないのか？

temple of wisdom
No.125

牛乳好きの方にとっては、いつでもどこでも気軽に水分補給ができるフタ付きのペットボトルで牛乳を持ち運びたいはず。しかし**市場ではペットボトル入りの牛乳をみかけることはありません。**

実は、以前は法律によって、ペットボトルでの牛乳の販売が禁止されていました。しかし2007年10月に法律が改正され、ペットボトルでの販売が解禁。それでも、法改正から現在まで、一度たりともペットボトル牛乳を見たことがありません。その理由は何なのでしょうか？

牛乳には豊富な栄養分がたっぷりと含まれています。その反面、**常温で保存しておくと簡単に細菌が繁殖してしまいます。**ペットボトルの特性として、一度で飲みきれなくてもフタが付いているからそのまま保存ができます。

500ミリリットル以下のペットボトルを想像してみてください。一度で飲みきれないということは、何度も飲み口に口をつけることになります。そのことで唾液から雑菌が残りの牛乳の中に入ってしまいます。

さらに、ペットボトルを持ち歩くということは常温で持ち運ぶということ。細菌の繁殖に拍車をかけることになるのです。

しかし1・5リットルや2リットルペットボトルならばコップに注いで飲むので、販売していてもよさそうなものです。他に販売する上で障害となる理由があるのでしょうか。

1・5～2リットルのペットボトルであっても、全く口を付けないで飲まないとは限りません。現状のペットボトルでは衛生面の安全を確保できないため、口を付けて飲んでも、常温で持ち運んでも問題がないようにする新しいペットボトルを開発する必要があります。しかし、これには莫大なコストがかかってしまいますし、そのような仕組みを現段階で製造可能なのかすら微妙です。

これらの要因が、ペットボトル入りの牛乳を販売するにあたって大きな障害となっているのです。まだまだペットボトル入りの牛乳を飲める日は遠い未来の話になりそうです。

ドリンクはmlなのにコーヒーはg表記な理由

temple of wisdom
No.126

一般的な缶ジュースや缶ビールの容量は350ミリリットル。ラベルの内容量にもしっかりと350ミリリットルと記載されています。一方で、缶コーヒーの一般的な容量は190ミリリットルですが、ラベルを見てみると190グラムと記載されています。なぜコーヒーはミリリットルではなくグラム表記なのでしょうか？

まずは缶コーヒーができ上がるまでの工程を想

像してみましょう。コーヒーは焙煎されたコーヒー豆を粉末状にして熱湯を注ぎ、好みにあわせて砂糖やミルクなどで味を調《ととの》え完成します。つまり、缶コーヒーが完成した時点では、コーヒーは温かいということになりますね。

物質は、温度が上昇することで、体積が膨張する**「熱膨張」**という特性を持っています。液体が気体になると体積は1600倍も増えると言われています。

缶コーヒーは熱いうちに缶に詰められますが、輸送中に冷めてしまいます。つまり**体積が減ってしまうため、ミリリットルでは表記することができない**のです。体積が変わっても重さは変わることがないため、コーヒーはグラム表記されているのです。同じ理由で、お茶などの飲み物もグラムで表記されています。

コンビーフの缶はなぜどれも台形なのか？

temple of wisdom
No.127

コンビーフは牛肉を細かくスライスして塩漬けし、缶に詰めた保存食です。その缶詰の形は他の缶詰食品とは違い、**どのメーカーのコンビーフ缶も台形**をしています。一体なぜなのでしょうか？

コンビーフは牛肉を細かく刻んで作られています。肉は細かくなるほど劣化が早く、酸素に触れることでより傷み

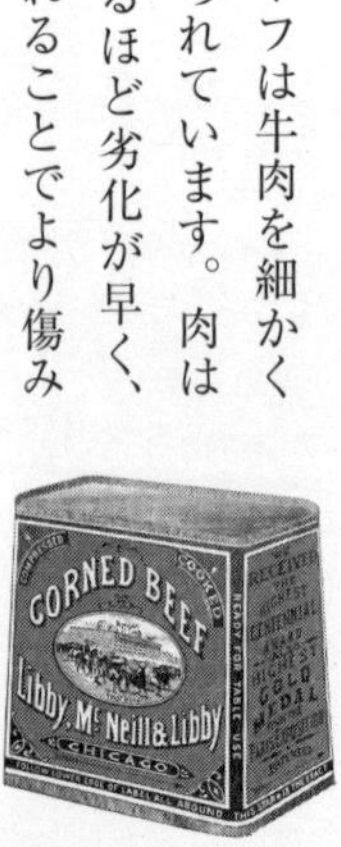

やすくなります。

そのため、商品の劣化を防ぐために、缶にギュウギュウに詰める必要があるのですが、それでは缶からコンビーフを出す際に、ほじくり出す必要があって面倒です。しかし**台形にすることで、少しでも隙間が空いて空気が入り込むと、ストンと落ちてくれる**のです。プリンなどの容器が台形をしているのも、同じ理由と言えます。

temple of wisdom
No.128

缶切りが発明されたのは缶詰誕生から50年後

現在ではプルトップ式の缶詰もあり、缶切りがなくても手軽に缶詰のフタを開けることができるようになりました。しかし**缶詰が発明された当初は缶切りがなく、非常にダイナミックな方法で缶詰を開封していた**のです。

缶詰は1810年にイギリスのピーター・デュランドによって考案され、特許が取得されました。缶詰の完成までは長い歴史があり、初めて缶詰の原型が開発されてから特許を取得するまでに67年もの歳月がかかりました。

そもそも缶詰は戦地で戦う兵士のための食料として保存食の公募をしたのがきっかけです。あなたなら缶切りがない状態でどうやって缶詰を開けますか？　戦場の兵士も同じように考えたことでしょう。結果、兵士たちはハンマーで缶を叩き壊し、銃を使って撃ち壊して開けていたのです。

そして、**缶詰の開発からなんと48年後、ようやく缶切りが発明されます**。発明したのはアメリカの**エズラ・J・ワーナー**。初めて発明された缶切りは、缶のフタを引き回して開ける缶切りで、一般的な缶のフタの縁を切る缶切りは、その10年後に発明されたのでした。

temple of wisdom
No.129

アイスクリームはもともと薬だった？

子どもから大人まで、嫌いな人はめったにいないアイスクリーム。**その発祥はデザートではなく、薬や栄養食品として食べられていた**といいます。

アイスクリームが開発された当時は、現代のように生クリームなどが練りこまれているものではなく、天然の氷や雪に蜜や果汁などのシロップをかけて食べていたとされています。

当時は冬から氷を保管しておき、戦場にいる兵士の疲労回復薬として振る舞われていたのです。現在のようなアイスクリーム作りの技術はありませんでしたので、かき氷に近いアイスクリームだったようです。これが後にデザートとして食べられるようになったのは、16世紀から17世紀といわれています。

本当にアイスクリームには賞味期限はない？

temple of wisdom No.130

アイスクリームに賞味期限がないことは、多くの方がご存知かと思います。しかし、その理由まで知っている方は少ないのではないでしょうか？

実はアイスクリームの賞味期限の記載に関しては、法律でしっかりと定められています。食品衛生法によると、**「賞味期限の記載を省略してもよい」**と書かれているのです。なぜ記載の省略を許されているのでしょうか。それは品質の劣化が少ないからだといいます。

完全な冷凍状態であれば、アイスクリームは品質の劣化が極めて少ない食品です。ただ、品質を保つためには温度管理を徹底しなければいけません。製造から搬送の間はマイナス18度以下に保たれ、スーパーやコンビニなどに陳列されるときには、マイナス20度前後の温度で品質が保たれます。

しかし、いざ家庭の冷凍庫となると、開け閉めが多いために温度が一定に保たれず、冷凍保存していても徐々に品質は劣化してしまいます。つまり、「賞味期限がない」わけではなく、「品質管理のもとでは賞味期限を表記しなくてよい」というだけ。家庭で保管する場合は3カ月以内に食すのが望ましいようです。

「ラクトアイス」って何？

temple of wisdom No.131

コンビニやスーパーでアイスの商品表示を見ると、**「ラクトアイス」**と表記されたものを目にします。主に100〜200円の安価なアイスに記載されていますが、このラクトアイスとは一体何を表すのでしょうか？

アイスクリームとはミルクを原料としたものを冷やしてクリーム状にした物の総称であり、次のように分類できます。

・**アイスクリーム**……乳固形分15・0％以上／乳脂肪分8・0％以上
・**アイスミルク**……乳固形分10・0％以上／乳脂肪分3・0％以上
・**ラクトアイス**……乳固形分3・0％以上／乳脂肪分指定なし

乳固形分とは、ミルクなどの乳製品に含まれる水分以外の部分を指し、この割合が多いほど乳製品本来の濃厚な味わいを楽しむことができます。

一方の**乳脂肪分**とは、乳固形分に含まれる脂肪分を指し、バターやクリームになる成分です。この割合が多いほど、クリーミーな口溶けを楽しむことができます。

これを踏まえると、**ラクトアイスとは、水分量が多く、脂肪分が少ない成分でできている**ことがわかります。そのため、口溶けがサッパリとしたアイスとなります。ミルクなどの乳製品の使用量が少ないので、コストを抑えて消費者に届けることができるわけですね。

ショートケーキの「ショート」って何が短いの？

temple of wisdom
No.132

クリスマスには必ずと言っていいほど食べる機会のある「ショートケーキ」ですが、これは日本だけの独自の習慣です。さて、そんなショートケーキの「ショート」とは、何を意味しているのでしょうか？

ショートケーキとは、スポンジに生クリームと苺を挟んで、周りを生クリームでコーティングしたケーキのこと。実はこれは**アメリカのショートケーキを日本流にアレンジしたもの**なのです。

本場アメリカではビスケットの間に生クリームとイチゴを挟んだものをショートケーキと呼びます。「ショート（short）」には、**「サクサクとした」という意味がある**のです。

アメリカ式のショートケーキ
（©Copyright Images are generated by Megan Chromik and licensed for reuse under this Creative Commons Licence）

これが日本人の口に合うように改良され、現在のショートケーキがあるのです。また、短時間で作れるケーキだからという説もあるとか。

temple of wisdom
No.133

フルーツポンチの「ポンチ」ってどんな意味？

沢山のフルーツを一口大にカットして、甘いシロップの中にドボン。一度に色んな味が楽しめる豪華なフルーツポンチですが、名前にある「ポンチ」とは一体何のことなのでしょうか？

本来は、**カクテルの「パンチ」の中に色々なフルーツを入れたもの**をフルーツポンチと呼んでいました。これが時とともに変化していき、フルーツとシロップの組み合わせのものでもフルーツポンチと呼ぶようになったのです。

パンチとは、アラックというお酒に、砂糖、レモン果汁、水、紅茶を加えたカクテルで、「パンチ」はヒンディー語で数字の5を意味します。5種類の材料を使うところから「パンチ」と名付けられたのです。

temple of wisdom
No.134

みたらし団子はなぜ「御手洗」と書くのか？

甘い醤油ダレがかかった丸い団子のことを「みたらし団子」といいます。漢字で書くと「御手洗団子」ですが、「御手洗《おてあらい》」、つまりトイレと何か関係があるのでしょうか？

　みたらし団子は、京都市にある下鴨神社の境内にて、参拝に訪れた人たちに初めて販売されました。串に団子が4～5つ刺さった形は、境内にある**御手洗池で水を汲んだ際、ポコッと浮き出てくる水泡が並ぶ様子に由来する**のだとか。

　ちなみに神社でいう「御手洗」とは、参拝者が神仏を拝む前に水で手や口を洗い清める所です。トイレのことを「御手洗」というのも、便所という言葉を使いたくなかったから。用を足した後は手を洗うことから「御手洗」と呼ばれるようになりました。「みたらし団子＝御手洗＝トイレ」と全てが繋がるわけではないのです。

temple of wisdom
No.135

蟻の入ったチョコレートが販売されていた

　かつて**蟻が入ったチョコレートという信じられない商品が販売されていた**ことをご存知でしょうか？　蟻入りチョコレートの製品名は**「チョコアンリ」**。1950年代後半に製造されました。主にアメリカ向けに輸出され、関西方面でも販売されていたようです。使用された蟻は長野県に生息していたアカヤマアリという蟻。体長はおよそ7ミリメートルで、胸や股が赤いのが特徴です。

さて、興味がある方はあまりいないかもしれませんが、チョコアンリがどのようにつくられるのかを見ていきましょう。といっても、複雑な工程はありません。アカヤマアリを油で揚げて塩味を付けた後、20匹ほどの蟻を豪快にチョコレートの中に混ぜ込み、冷やして固めれば完成です。

ハチミツが一生腐らない理由と注意事項

temple of wisdom
No.136

蜜蜂が花から採取した蜜を巣の中で加工したものがハチミツです。ハチミツのラベルなどを見てみると賞味期限が非常に長く設定されていることから、長期保存向けの食品であるのはわかりますが、**ハチミツが腐らない**というのは本当なのでしょうか?

食べ物が腐る原因とは何か。それは細菌が繁殖することによって起こる腐敗です。細菌は食べ物それ自体から繁殖するための栄養を吸収し、細胞分裂を繰り返して大きくなっていきます。どんな食べ物にも細菌は必ず含まれています。

ハチミツも細菌が入っているのですが、**高すぎる糖度のために浸透圧の力が働き、細菌から水分を吸収してしまいます**。これによりほぼ全ての細菌は死滅。論理的にはハチミツは一生腐ることがないと言えるのです。

しかしながら、たった一つ例外があります。それは**「ボツリヌス菌」**と呼ばれる細菌で、この細菌は悪環境の中に入ると、眠った状態になって自らの守備力を高め、死亡することを防ぎます。

ボツリヌス菌の持つ毒素は、１００度の熱で失われてしまいますし、人間の体の中に入ったとしても胃酸などの消化器官の働きによって死滅します。しかし消化器官が発達していない乳幼児などにハチミツを与えてしまうと、菌が死にきれずに活動を始め、感染してしまう可能性があります。そのため、乳幼児にはできる限りハチミツは与えないほうがよいでしょう。

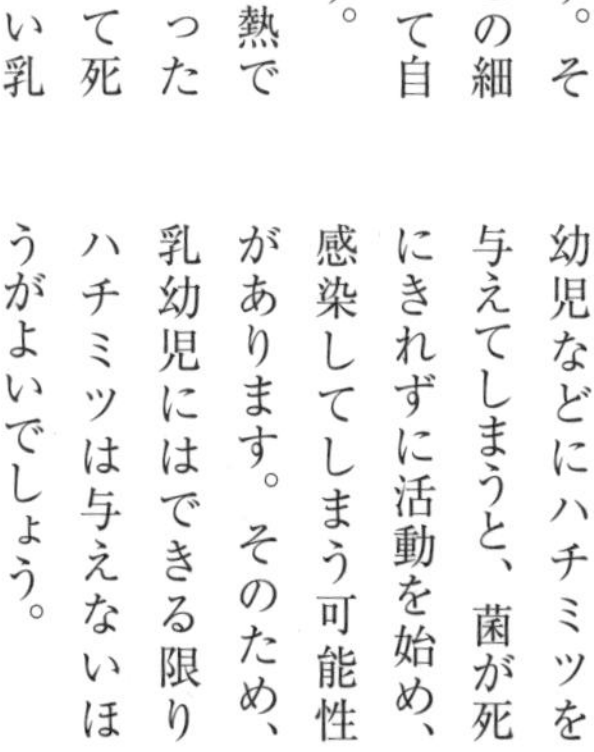

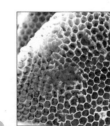

ポテトチップス誕生の意外な理由

temple of wisdom
No.137

サクサクの食感で誰からも愛される定番のお菓子「ポテトチップス」。よく食べるという方は多いと思いますが、その発祥までをご存知の方は少ないのではないでしょうか？　実は、ポテトチップスは、**ある料理店のシェフと客の意地の張り合いの末に偶然生まれたお菓子**だったのです。

1853年8月24日。ニューヨークのレストラン「ムーンレイクロッジ」のシェフであったジョージ・クラムのもとに、ある客が店を訪れます。その客とはアメリカの大富豪、コーネリアス・ヴァンダービルト氏。彼はフライドポテトを注文すると、「厚切り過ぎる」とシェフにクレームを付けました。

渋々薄くして提供するも、なお「まだ厚すぎる」と突っ返す大富豪。この攻防が幾度も続き、うんざりしたシェフは、**フォークで刺せないほど薄切りにし、カリカリに揚げたものを出して客を困らせようとしました。**しかしこれが非常に美味しいと逆に評判になってしまったのです。

この料理はすぐにレストランのメニューに登場し、人気メニューとなりました。

1900年代になると、アメリカでは多くのポテトチップス製造業者が誕生。現代でもなお人気が衰えることを知らないポテトチップスは、この二人のプライドなくしては誕生し得なかったのかもしれません。

「柿の種」はうっかりから生まれた

temple of wisdom
No.138

新潟県発祥で、生産量も新潟県が90％を占める、おつまみの定番「柿の種」。海外進出も果たしている大ヒット商品はどのようにして生まれたのでしょうか？

1919年に、柿の種の元祖「浪花屋《なにわや》」は創業しました。いつものように小判型の金型を使ってアラレを製造していたところ、**うっかりとその金型を踏んでしまいます**。しかし、試しに三日月のように変形してしまった金型のままアラレを作ってみると、常連のお客さんに「柿の種に似ている」と言われ、味の評判も上々だったのです。こうして柿の種は誕生しました。

大学イモは何が「大学」なの？

temple of wisdom
No.139

甘いサツマイモに濃厚な蜜が絡まった大学イモ。おやつにピッタリですが、ご飯のおかずとして食べる地域もあるそうな。さて、そんな大学イモの**「大学」**とは何を指しているのでしょうか？

由来には諸説あります。アク抜きをしたサツマイモを低温で揚げ、蜜を絡めて作るという調理法の難易度が高いことから、入学の難しい大学になぞらえたという説。もう一つは、東京大学の前にある三河屋という芋屋が、蒸かしたイモに蜜を絡めて販売していたのが、東大生に評判になったという説。そして、東京大学の学生が、学費を工面するために売っていたイモだからという説です。

決定的な根拠はいまのところありませんが、**東京大学が関係している**ことは有力でしょう。

ポン酢の「ポン」って何語？

temple of wisdom
No.140

鍋にはもちろん、肉料理や魚料理、サラダにいたるまで万能な調味料である「ポン酢」。柑橘類の絞り汁に、酢などを加えて味を調えるとポン酢が完成します。このポン酢の「ポン」とはどういった意味なのでしょうか？

ポン酢には柑橘類が必要不可欠。このことから、柑橘類の「ポンカン」から取って、ポン酢というネーミングになったという説がありますが、これは間違い。**ポン酢にポンカンが使用されることはありません**。

ポン酢という言葉は**オランダ語の「ポンス」が転じたもの**とされます。ポンスとは酒に柑橘類の果汁、砂糖、調味料を混ぜたカクテルのこと。語源はヒンドゥー語で「5つ」を意味する「ポンチ」からきています。ここから次第に柑橘類の絞り汁をポンスと呼ぶようになり、酢を合わせて味を調えることから「ポン酢」となったのです。

一般的にポン酢に和食のイメージが強いのは、ポン酢に醤油を加えた「ポン酢醤油」が最もポピュラーなポン酢であるからです。

カクテルであるポンスを飲む西洋の人々を描いた18世紀の絵

temple of wisdom No.141

海外で「サイダー」を頼む際には注意が必要

日本で「サイダー」といえば、炭酸水に甘さを加えたものが代表的です。しかし、海外で安易にサイダーを注文すると、思いがけないものが出てくることがあるので注意が必要です。

結論から言うと、**海外の多くの国では、サイダーといえば発泡性のあるリンゴ酒、つまりアルコール飲料のことを指します。**

イギリスやスペインなどでは、ビールのような琥珀色をしており、アルコールが加わっているものをサイダーと呼びます。

ドイツやフランスのサイダーも琥珀色ですが、炭酸は入っておらずにアルコールは入っているという、日本人からすれば想像もできない飲み物です。

アメリカやカナダでは日本と同じようなサイダーが一般的ですが、それもハードサイダーと呼ばれるアルコール入りのもの。アルコールなしの場合はソフトサイダーといいます。

実はアジア圏でもサイダーと言えばアルコール入りが一般的で、日本と韓国だけがサイダーを甘い炭酸水だとイメージするようです。

temple of wisdom No.142

酒のおつまみはなぜどれも「肴」と言うの？

酒のおつまみは何も魚だけとは限りません。肉類もあれば豆類もあり、さらには野菜に至るまで、ありとあらゆる食べ物がおつまみとして食べられています。

これらの酒のおつまみを総称して「肴《さかな》」と呼びますが、一体なぜなのでしょうか？

そもそも、酒の肴とは**食べ物だけを指すものではありませんでした**。酒の席には欠かせない歌や踊り、話のネタなども肴とされていたのですが、それらは日本芸能として独立した道を歩んでいき、肴と呼ばれることがなくなっていきました。そして酒に添える食べ物だけが残り、それを「肴」と呼ぶようになったのです。

なお、その昔は「肴」という漢字ではなく、**「酒菜」**と書いていました。魚は「うお」と発音するのが一般的でしたが、当時の日本人の酒の肴はもっぱら魚だったことから、自然と「魚」を「さかな」と呼ぶようになったのです。

「菜」とは元々おかずのことを指しており、「菜」の他にも「魚」や「肴」という字をあてていました。このことから「肴」の文字だけで「さかな」と読まれるようになっていったというわけです。

第4章 言葉の雑学

「サラリーマン」の語源は塩に由来していた

temple of wisdom No.143

一般的に会社員として働いている人のことを**「サラリーマン」**と呼びます。サラリーとは英語で「給料」の意味ですが、このサラリーという言葉は調味料の**「塩」から来ている**のです。

その起源は紀元前にまで遡ります。**塩は大変貴重な調味料として扱われてきました。**食材を塩漬けすることで長期保存が可能でしたし、人間の体に塩分が必要不可欠な栄養素であると判明していたためです。

古代の中国では時の皇帝が塩の販売権利を握り、利益を得ていました。紀元前6世紀頃の古代ローマ時代においても、塩は政府が独占的に販売していたのです。

そして、**古代ローマでは兵士や役人に対して、給料を塩で払っていた**と記す文献があります。実際は塩だけを給料として渡していたわけではなく、塩や必需品を買うために必要であるとして、ちゃんと貨幣も支払っていたようですが。

さて、塩は英語で「ソルト(Salt)」といい、ラテン語で塩を

ローマ兵の装備を身につけた人々。ローマ兵は給料として塩を支給された。(©Copyright Images are generated by Jan Jerszyński and licensed for reuse under this Creative Commons Licence)

意味する**「サラリウム（Salarium）」**に由来します。そう、給料として塩を払っている、というところからサラリウムを語源としたサラリーという言葉が誕生したのです。

ちなみに、サラリーマンという単語は和製英語です。そのため海外の方に「仕事は何をしていますか？」と聞かれた場合、「サラリーマン」と答えても通じません。英語では一般的な会社員などの場合は「オフィスワーカー（Office Worker）」といいます。しかしそれでは非常に範囲が広く捉えられてしまうので、英語圏ではもっぱら自分が何の仕事をしているのか明確に答えるようです。例えば「プログラマーをしている」や「会計事務員をやっている」という風に受け答えします。

temple of wisdom
No.144

OLという言葉は一般公募によって生まれた

「OL」とは「オフィス・レディ」の略語で、一般的な会社に勤める、主に事務の仕事をする女性という意味で使われています。

この「OL（Office Lady）」という言葉も、サラリーマンと同じく和製英語です。海外では男女の区別を付けることなく「オフィス・ワーカー（Office Worker）」などと呼ばれます。

OLと呼ばれる前は「BG（ビジネス・ガー

ル）」と呼ばれていました。しかし東京オリンピック直前の１９６３年に、**「ＢＧはBar Girl（酒場の女）の略で、売春婦という意味だ」という噂が広まってしまいました。**オリンピックにより海外客が大量に国内に来ることも考慮し、ＢＧという呼称は一気に終息へと向かうのです。

ＢＧの使用を止めよう！　と世に訴えたのは女性向け週刊誌の『女性自身』でした。この効果でＢＧの呼び名が消えることになるわけですが、同時に**『女性自身』は新しい呼び名の公募を始めた**のです。サラリー・ガールやキャリア・ガールなどの案が浮かぶ中、オフィス・ガールとわずか67票差で競り勝ったのが「ＯＬ（オフィス・レディ）」だったのです。

temple of wisdom
No.145

名前が書いてある紙なのになぜ「名刺」？

名刺には様々な個人情報が記載されています。名前から会社名、電話番号、メールアドレスなど、紙切れ一枚にその人の情報がギュッと凝縮されています。しかし紙に名前が書いてあるのになぜ**「名紙」ではなく「名刺」**なのでしょうか？

名刺の起源は古代中国の時代まで遡ります。この時代の中国では、誰かの邸宅を訪問する際に、**自分の名前と身分を書いた札《ふだ》**を門前の箱に入れ、取り次ぎをお願いしたといいます。

このときに用いられた札は木や竹を用いたもの

で、その名称を**「刺」**といいました。このことから、「刺」という文字は自分の名前と身分を表すということを意味するようになり、現在でも「名刺」という名称に使われているのです。

「ドンマイ」の本当の意味と正しい使い方

temple of wisdom No.146

失敗して落ち込んでいる人に対して「気にするな」という意味で「ドンマイ」という言葉をかけてあげることがあります。多くはスポーツなどの場面で聞くフレーズではないでしょうか。

ドンマイは英語の「Don't mind」から来ていることは多くの方が知っていることと思います。

しかしこの**「ドンマイ」は和製英語**であり、海外では全くもって通用しません。英語圏の人からすれば、ドンマイの正しい意味は「気にしないで」ではなく、「(私は)気にしていません」になるので、相手にかける言葉としてはニュアンスが全く違ってきます。

ドンマイを英語で伝えたい場合は以下のようになります。

・**Don't worry about it.**

これで「気にしないで」や「心配しないで」といった意味になります。もっと簡潔に覚えたい場合は、

・It's alright. / It's okay.

と覚えましょう。これは「大丈夫だよ」といった意味になります。

よく「Never mind」でも大丈夫と書かれていることがありますが、これは「（やっぱり）なんでもない」という意味になるので、ニュアンスが変わってきます。

海外で「Don't mind」と言ってしまい、逆に「Don't worry about it」と言われないよう、正しい英語を身につけましょう。

temple of wisdom
No.147

「ありがとう」の語源と正しい使い方

感謝の気持ちを表す言葉として「ありがとう」を使いますが、この言葉はどのようにしてでき上がったのでしょうか？「ありがとう」を漢字で書くと「有り難う」となります。これは「有り難し」が変形したものです。

有り難しという言葉は、**「本来起こることがない出来事、あり得ないこと、非常にまれなこと」**といった意味です。

いわゆる「奇跡」が起こった際に、人々は神や仏の前で手を合わせて「有り難し」と言っていました。

このことから、本当は「ありがとう」だけで使う言葉ではなく、「ありがとうございます。感謝いたします」とするのが、本来の意味からすると正しいと言えるでしょう。

あいさつのそもそもの意味とは？

temple of wisdom
No.148

昼間に会ったらこんにちは。夜に会ったらこんばんは。別れるときにはさようなら。

誰しもが何の疑いを持つことなく当然のように使用しているあいさつですが、その語源はどのようなものなのでしょうか？

そもそもあいさつの言葉は、**仏教に由来**しています。**禅宗の修行の一つ**で、お互いが質問をし合うことを**「挨拶《あいさつ》」**と呼んでいました。これが一般化され、人と会ったらあいさつをするというのが礼儀になったのです。

「こんにちは」は漢字で「今日は」と書きます。「きょうは」ではなく「こんにちは」と読みます。「こんにちは」とは、「今日は、お元気ですか？」などの長い文章が省略されて生まれたのです。

同様に、「こんばんは」は「今晩は、月がキレイですね」などの文章が省略されたもの、「さようなら」は、「左様なら（それなら）、ここで失礼いたします」といった文章が省略されたものなのです。

「押忍」の予想もしていなかった言葉の由来

temple of wisdom
No.149

空手や柔道などの武術において、あいさつ代わりによく使われる「押忍《おす》」という言葉。

この言葉にはどのような意味が含まれているのでしょうか?

押忍は元々、**「おはようございます」が徐々に短くなっていったもの**とされています。

「おはようございます」→「おはようっす」→「おっす」といった具合です。

ここに漢字をあて、意味を持たせることで現在の「押忍」という言葉が作られました。

本来は「押して忍ぶ=自我を抑え我慢する」といった意味で、先輩が後輩に対して使う言葉だったものが、現在ではあいさつや礼のたび、お互いが声を掛け合うようになりました。

つまり、意味は変われど元々は「おはようございます」という言葉。アニメ・ドラゴンボールの主人公である孫悟空はよく「押忍!」と口にしますが、本来の意味に当てはめると、ことあるごとに「おはようございます」を連呼している、ということになりますね。

temple of wisdom No.150

演技が下手な役者を「大根役者」と呼ぶ理由

「演技が下手で、セリフも棒読みで、あいつは大根役者だな」といいます。大根役者や大根芝居など、野菜の「大根」と関係があるのでしょうか？

結論から言うと、大根役者、大根芝居の「大根」は、野菜の大根のことです。大根には**ジアスターゼ**という成分が多く含まれており、消化を助けるだけでなく、胸焼けや胃もたれも防いでくれます。

このことから**大根を食べると食あたりがしない**と言われており、**「食あたりしない」＝「あたらない」＝「ヒットしない」**ということで、売れない役者を指すようになったといわれています。

ちなみに、**演技が下手なことを、英語圏では大根ではなく「ハム」に例えます**。由来は諸説ありますが、ハムには道化者という意味もあり、大げさな演技をすることから、自然な演技ができない役者を指すようになったという説や、演技が下手な役者ほどハムレットの役を演じたがるから、など様々です。

なお、アメリカの人気俳優であるシルベスター・スタローンが日本の伊藤ハムのコマーシャルに契約したことから「スタローンは自らの演技力をギャグにした」と評価されたといいます。

temple of wisdom No.151

刑事のことを「デカ」と呼ぶのはなぜ？

デカと言えば刑事のこと。刑事もののドラマのタイトルにも使われる**「デカ」**という言葉は、一体どこから来ているのでしょうか？

１８７４年１月15日、東京に警視庁が設立されました。これをきっかけに警察官の服装も西洋の文化を取り入れた装備と制服に変わります。

当時は文明開化が行われた直後。西洋の服装は目立ちすぎるため、犯罪者を尾行したり待ち伏せするような捜査には不向きな格好でした。そこで、私服警官が誕生するのです。

当時の私服といえば当然和服が主流です。和服の中でも最も動きやすいとされていた**「角袖《かくそで》」**が、私服警官の服装になりました。

警察の間では、**警官以外に話の内容がバレてしまっては不都合な場合があるため、様々な隠語が用いられます。**

すると、私服警官を呼

明治期の制服警官。一方で、犯人を追う巡査クラスの警察官は目立たないように私服で仕事にあたった。

ぶ際にも隠語が使われるようになりました。それが**「かくそで」の最初と最後をとって、逆にして読む「でか」という隠語**だったのです。

青りんごに青信号、なぜ緑なのに青と呼ぶ?

temple of wisdom
No.152

誰しもが一度は疑問に思ったことがあるでしょう。青リンゴに青信号。青リンゴはどう見ても黄緑色ですし、青信号は緑信号です。また、野菜や果物に対して「青果」と呼ぶこともあります。なぜ緑色を青というのでしょうか?

確かに緑色のことを青というのは不思議な話ですが、実はこの青とは、色のことではありません。そもそも**「青」が表すのは、色ではなく「若々しい」**、**「みずみずしい」こと**だったのです。これらの表現が合うものが緑色のものばかりだったので、その色を青と呼んでいたのです。

青信号は緑色か青色かはっきりしない程度の色が使われています。

しかし法律上では「青信号」と表記されます。どちらかというと日本国内では色覚異常者への配慮から、青色に近い緑色のランプを使用しているとのことです。

T字路のTはアルファベットのティーではない

temple of wisdom
No.153

三方向に別れる三叉路のことをT《ティー》字路と呼びます。アルファベットのTに似ていることからこの名で呼ばれますが、**本当の名称はT字路ではありません**。

T字路とは、三叉路のうち、道が直角に交わる道のことですね。こうした道を表す言葉は、江戸時代に既に生まれていました。

しかし、当時はアルファベットを使う習慣はありませんでしたから、当然ながらアルファベットの「T」は使っていません。**漢字の「丁」の字を使い「丁字路《ていじろ》」と呼んでいた**のです。

実際、現在でも法律上の正式な名称は「丁字路」です。「T字路」はアルファベットの普及やマスコミによる使用で広く普及した言葉なのです。

なお、「丁」という形が道の形を表しているとも言えますが、そもそも、「丁」には道を表す意味が含まれています。そのため「町」や「街」などの漢字には「丁」が含まれていますし、住所表示にも丁の字が使われるのです。

道路が三叉状に分かれたT字路。もともとは丁字路とよんでいたが、現在ではT字路という呼称も定着していることから、NHKも放送用語としてはどちらを用いてもよいとしている。

甘い一夜を過ごすから「スイートルーム」?

temple of wisdom
No.154

スイートルームと聞くと、ホテルの部屋の中でも特別な部屋であり、内装も値段も高いといった印象です。ではスイートルームの「スイート」とはどういった意味なのでしょうか?

もちろん、恋人や大切な人と甘いひとときを過ごすからではありません。

甘い意味のスイートは「Sweet」ですが、**スイートルームのスイートは「Suite」**と書きます。Suiteは日本語に訳すと**「ひと組の、ひと続きの」**といった意味です。

つまり寝室の他に、客間やリビングなどの他の部屋が繋がって存在している一部屋が、スイートルームということになります。日本の旅館などでは「続き部屋」と呼ぶところもあります。

スイートルームというと、ホテルの最上階にあり、内装も豪華で広くて値段も桁違いの高さ、といったイメージを抱く人は多いと思いますが、それも間違いではありません。ホテル側も特別な部屋であると意識していることが多いようです。

しかし実際は**続き部屋の形式にそっていれば、内装が地味であろうが部屋が狭かろうが、スイートルームには変わりない**のです。

temple of wisdom
No.155

日本人のことをなぜ「邦人」と呼ぶのか？

日本国内の映画のことを「邦画」、音楽を「邦楽」など、日本に対して「邦」の字を使います。一体なぜでしょうか？

そもそも「邦」という字には「日本」という意味は含まれていません。「邦《ほう》」は「邦《くに》」とも読めるように、元々「邦」の字は**自国や国土**を意味します。このことから、邦画や邦楽は日本の映画や音楽という意味ではなく、自国の映画、音楽という意味なのです。

過去には日本人を指す言葉として、「倭人《わじん》」や「和人」という字が使われたことがあります。倭人は中国人からみた日本人の古い呼び名で、和人はアイヌ民族からみたアイヌ民族以外の日本人を呼ぶ名称です。

temple of wisdom
No.156

映画における興行収入と配給収入の違い

「全米ナンバーワンのヒット作！　興行収入15億円突破！」などという謳い文句は映画の宣伝ではおなじみですね。同じく映画の収入額を表す言葉として、「配給収入」という言葉があるのをご存知でしょうか？

興行収入とは、映画館の入場料から得られる売り上げのこと。例えばチケットが一枚１５００円だった場合、１００万人のお客さんが映画を観た場合の興行収入は15億円です。

これは最も単純な収益の集計方法で、２０００年以降はこの興行収入の数値をもとに、映画の売り上げランキングが集計されています。

ちなみに２０１６年までの日本国内における映画興行収入ランキング１位は、スタジオジブリの『千と千尋の神隠し』で３０８億円です。

一方の配給収入は、興行収入から映画館側の利益を差し引いた、フィルムの配給会社側が得られる収益のこと。

通常、配給会社に支払われる報酬は、その映画ごとに異なるパーセンテージで契約されます。１９９９年以前は配給収入をもとにして映画の売り上げランキングが集計されていたので、配給収入も公開されていました。

例えば、１９９７年公開のもののけ姫の興行収入は１９３億円ですが、配給収入は１１３億円でした。配給会社が得られる報酬額は興行収入の58・５％で契約されています。つまり映画館側が得られる収益は80億円ということになりますね。

■日本における映画の興行収入ランキング

	映画タイトル	興行収入額
1	千と千尋の神隠し	308億円
2	タイタニック	262億円
3	アナと雪の女王	254.8億円
4	ハリー・ポッターと賢者の石	203億円
5	ハウルの動く城	196億円

なお、国内での契約パーセンテージは平均して50～60％が多いようです。

興行収入がランキング付けとしてよく取りざたされるのは、**配給収入では作品の契約内容によって差が生じてしまうから**だと思われます。かといって興行収入のランキングにおいても、チケット一枚あたりの値段は作品ごとに変わってくる場合もあるでしょうから、必ずしも全てが平等な条件で格付けされているわけではありませんが。

temple of wisdom
No.157

「エキスパート」と「スペシャリスト」の違い

「エキスパート（Expert）」も**「スペシャリスト（Specialist）」**もどちらも「専門家」という意味です。しかし、ニュアンスの違いがあるのです。

エキスパートとは、**ある分野において深い知識を有しており、その分野全体の知識、関連する分野の知識まで**を有している人。

対するスペシャリストは、ある分野にのみとても深い知識を有している人のこと。他の分野や、なぜそうなるのかなどの仕組みまでは理解していません。

例えばタレントで大学教授でもある「さかなくん」は魚介類に対してのエキスパートといえます。魚の種類や体の仕組み、生態系に至るまで幅広い知識と経験を備えています。

では「さかな屋さん」はどうでしょうか。魚の種類などに対しては豊富な知識を備えていますが、体の仕組みや生態系の情報などは知る必要もない情報ですし、知っている人は少ないでしょう。これは魚を扱う（販売する）スペシャリストといえるでしょう。

「プラネット」と「スター」の違い

temple of wisdom
No.158

宇宙に存在する星々は、英語でプラネットやスターと呼ばれます。夜空に見える星は一体どちらにあたるのでしょうか？　この二つの違いは何なのでしょうか？

プラネットとは、日本語で「惑星」を意味します。惑星は恒星の周りを周回している星です。**一方のスターは、日本語で「恒星」のこと**。恒星は地表のガスが燃えることで激しい光を放ちます。

つまり、太陽系では**プラネットは地球、スターは太陽**ということです。人が住めるか、空気や水があるかなどではなく、自ら光を発しているのか、恒星を中心として周回しているのかで違いが分かれるのです。

なお芸能人やアイドル、スポーツ選手などで「スター」という言葉を使うのも、「光り輝いている人」という天体の恒星をイメージしているのです。

temple of wisdom No.159

伯父と叔父、伯母と叔母の違い

伯父さんと叔父さん、伯母さんと叔母さん。どちらも「おじさん」「おばさん」と読みますが、しっかりと使い分けるための意味があります。

おじさんやおばさんは、自分の両親の兄弟を指します。この際に、**自分の両親より年上の兄姉にあたる人物か、年下の弟妹にあたる人物なのかで漢字を使い分ける**のです。

つまり、**両親の兄姉であれば「伯父」「伯母」**。**両親の弟妹であれば「叔父」「叔母」**となります。

「伯」は年長者を敬う意味が含まれた漢字で、画伯や伯爵など、目上の人物などにも使われる漢字です。このことから、上の人物には「伯」だと覚えておくといいでしょう。

temple of wisdom No.160

「アナウンサー」と「キャスター」の違い

テレビ番組で重要な最も神経を使う役割の一つとして、世界中のニュースを視聴者に伝えるアナウンサーやキャスターが挙げられるでしょう。視聴者にハッキリと分かるように滑舌はよくなければいけませんし、言葉を噛んでもいけません。長い原稿を時間内にスラスラと読み上げるようになるには、それ相応の訓練がされているに違いありません。

実はこのアナウンサーとキャスターには違いがあるのをご存知でしょうか？

アナウンサーは何もニュースを伝えるだけが仕事ではありません。テレビ番組でアナウンサーが活躍するシーンを思い浮かべてみると、お堅いニュース番組以外でも、クイズ番組やお笑い番組などの司会、進行も務めている場合があります。

一方、キャスターは、ニュースキャスターやお天気キャスターなどと呼ばれるように、その番組の一部を取り仕切る役割を持っている人のことを指します。この際に、ただ用意された原稿を読むだけではなく、自身の持つ専門的な知識を元に、意見や解説を交えながら進行していくこともあります。

では、番組全体を仕切るのがアナウンサーで、一部を仕切るのがキャスターかというと、そうではありません。アナウンサーとは職業の名称であり、キャスターとは番組内での役割の名称なのです。

そもそもアナウンサーとキャスターを比べること自体がおかしな話だったのです。

temple of wisdom
No.161

「特徴」と「特長」の違い

特徴も特長もどちらも「とくちょう」と発音します。しかし、その意味はまったく異なります。

例えばA君の身長が１９０センチメートルで、平均身長よりも遥かに高いとします。この仮定をもとに文章を考えていきましょう。

目の前に５人の男性が立っているとき、A君を知らない人に対して、誰がA君なのかを伝えようとします。

「A君の特徴は、身長が１９０センチメートルもあることなんだ」

これで他の４人の身長が低かった場合、A君を見つけることができるでしょう。

「特徴」とは、良いか悪いかを区別するのではなく、その事柄や物事に対して目立っている所、際立っている所を示す場合に使用します。

例えばB君の身長が１５０センチメートルしかないとして、それが彼のコンプレックスであろうがなかろうが、特徴には変わりないのです。

しかし、特長を使う場合は先ほどの例文ではうまく使うことができないので、違う例文にしましょう。

「A君は身長が１９０センチメートルもあるから、高い所に手が届くのが特長なんだ」

A君が他の人よりも背が高いことが利点であるという文章です。

「特長」とは、他と比べて優れている点を示す場

合に使用します。つまりは長所のことです。

A君が190センチメートルの身長をコンプレックスだと感じているのであれば、特長にはならないのかもしれません。

ただし、他と比べて高い所に手が届くのは便利であることは間違いないでしょう。

言葉一つで伝わるニュアンスが変わってくるのが日本語の難しいところです。言葉の意味を理解して、正しい情報を読み取れるようにしましょう。

「寂しい」と「淋しい」の違い

temple of wisdom No.162

一人ぼっちでさびしい。誰かに会いたくなってさびしい。そんなことをメールや手紙で文章に書き表す際、「寂しい」と「淋しい」でどのように使い分ければよいのでしょうか?

寂しいも淋しいもどちらも「さびしい」、「さみしい」と読むことができます。「さみしい」は「さびしい」が歴史とともに変化していき、新たに加わった読み方。どちらで読んでも間違いではありません。

両者で決定的に違いが定義されているのは、常用漢字であるか否か。常用漢字に指定されている「さびしい/さみしい」は「寂しい」の方で、新聞や教科書、テレビのテロップなどでもこちらの漢字が使われます。

しかしニュアンス的にも違いは感じ取れます。「寂しい」は、街にひと気がなくてさびしい様子であったり、**客観的なさびしさを感じる際に使われることが多い**ようです。「淋しい」は、誰かに会いたくてさびしい様子など、**身体的なさびしさを感じた際に使われ、例えばラブソングの歌詞に「淋しい」の方があてがわれていることもある**でしょう。

どちらの漢字も心細い様子を表していますが、不安であるならば常用漢字である「寂しい」を使うのが無難といえるでしょう。

temple of wisdom
No.163

「懐石料理」と「会席料理」の違い

「懐石料理」と**「会席料理」**。一見するとどちらも高級な料亭で出される料理であるようなイメージがわきますが、実際のところ違いはあるのでしょうか？

懐石料理とは、元々は禅宗の修行僧が温めた石を懐にしのばせ、胃を暖かくして空腹をしのいだことが由来とされます。つまりは**空腹をしのぐための質素な食事が懐石料理**であるとされます。

ちなみに懐石そのものが料理という意味を含んでいるため、懐石料理と書くと「料理料理」という意味になってしまいますのでご注意を。

では会席料理にはどのように意味があるのでしょうか？

現在の会席料理は、茶会などで出されたコース料理が簡略化されたものです。時代を遡った室町時代には、貴族が客人に振る舞う豪華な食事を会席料理といっていましたが、現在では**宴会の席で食べるような料理のことを会席料理ということが多くなっています。**

写真のように宴会の席で出される料理は「会席料理」という

「一時雨」と「時々雨」の違い

temple of wisdom No.164

日本語というのは難しいもので、少しのニュアンスの違いが大きな意味の違いを生んでしまいます。天気予報の雨の予報に関してもそうです。

「一時雨」と**「時々雨」**は似たような字ですが、気象庁が発表しているデータによると、次のように区別されて使われます。

一時雨とは、24時間の中で、6時間未満の連続的な雨が降る可能性がある場合に使われる言葉。

連続的とは、雨と雨の切れ間が1時間未満のこと。

一方の時々雨は、24時間の中で、12時間未満の断続的な雨が降る可能性がある場合に使われます。断続的とは、雨と雨の切れ間が1時間以上のことです。

つまり**「一時雨」は短い時間に集中した雨が降る感じで、「時々雨」はほぼ一日中、パラパラと雨が降る感じ**と捉えることができるでしょう。

「○○弱」と「○○強」の正しい使い方

temple of wisdom No.165

「およそ」や「約」など、モノの単位を表す表現は様々ありますが、その中でもとりわけ誤って認識されることの多い表現が、この「○○弱」と「○○強」の表現です。

「およそ」や「約」などは、その値に対して少なくとも多くともどちらにも該当する言葉です。

例えば、2100円の買い物をする場合でも、1900円の買い物をする場合でも、「およそ（約）2000円の買い物をした」という文章で成立します。

これに対して「弱と強」の表現にはしっかりとどちら側なのかの使い分けがあります。

ではここで問題です。2100円の買い物をした場合、次の文章で正しいのはどちらでしょうか。
A、2000円弱の買い物をした。
B、2000円強の買い物をした。

正解は、Bの「2000円強の買い物をした」という表現です。

明確な範囲は定められていませんが、**一般的に「弱」とは、その値に少し足りない程度の数値を指し、「強」とはその値を少し超えてしまう数値を指します**。今回の問題で例えた場合、2100～2200円の間は2000円強。逆に少し足りない1800～1900円の間は2000円弱という風に表現できます。

五月晴れはさわやかな晴天のことではない

temple of wisdom
No.166

五月晴《さつきば》れを、5月の爽やかな晴天を指す言葉だと思っている方は多いようですが、それは誤り。「さつき」とは旧暦の5月のことを指していますが、現代の暦である新暦では6月にあたります。日本の6月といえば、鬱陶《うっとう》しい梅雨の季節。一週間程の期間、雨がザーザーと降り続ける時期ですが、**その雨の合間にある晴れた日のことを「五月晴れ」という**のです。

ちなみに「五月晴《ごがつば》れ」と読む場合は、新暦の5月にある晴れの日を指すようです。文字で書かれると非常にややこしい言葉なのです。

temple of wisdom No.167

得意なものを「十八番」というのはなぜ？

カラオケに行ったとき、「この曲は私の十八番《おはこ》なんだよね」といった会話を耳にすることがあります。十八番とは、自分の最も得意とすることなどを指しますが、それならば一番で良いのでは？と思うことがあります。一体どのような由来があるのでしょうか？

この言葉は歌舞伎からきており、読み方は「じゅうはちばん」でした。**歌舞伎界の名門である市川家が、得意としていた18種類の演目を選出し「歌舞伎十八番」として発表したことが由来です。**

この歌舞伎十八番の演目台本を、箱の中に入れて保管していたことから、十八番のことをオハコと呼ぶようになり、そのまま十八番と書いてオハコと読むようになりました。

temple of wisdom No.168

二枚目はイケメン、三枚目は滑稽役、一枚目は？

ルックスが整っている、いわゆる美形の男子をイケメンと呼びますが、一昔前はハンサムや美男子などとも呼ばれていました。「二枚目」と呼ぶこともありますが、その由来は何なのでしょう？

「二枚目」という表現は、古くから存在します。現代でも「二枚目俳優」というように、この表現は使われ続けています。似た表現に「三枚目」というものもあり、これは俗に言う「ひょうきんな顔、面白い顔」をしている人のことを指します。

では、なぜ人の顔の特徴を枚数で表すようになったのでしょうか？

「〇枚目」という言葉は、日本の伝統舞踊である**歌舞伎に由来**します。歌舞伎では、**上演される演目に出演する役者の看板が劇場の入り口に並べられます**。このとき、人気のある美形な役者を二枚目に、笑い話などを演じる、いわゆるピエロ的な役者を三枚目に張り出すのです。このことが広まり、イケメン＝二枚目という言葉が生まれたというわけです。

それなら一枚目と四枚目が何を表すかも気になるところ。一枚目に貼られる看板は、もちろん上演される演目の主役を演じる人物です。看板は全部で八枚貼りだされ、四枚目以降は出演する役者を順番に、そして八枚目には座長が張り出されるのです。どうやら、二枚目と三枚目以外の表現は現在には残らなかったようです。

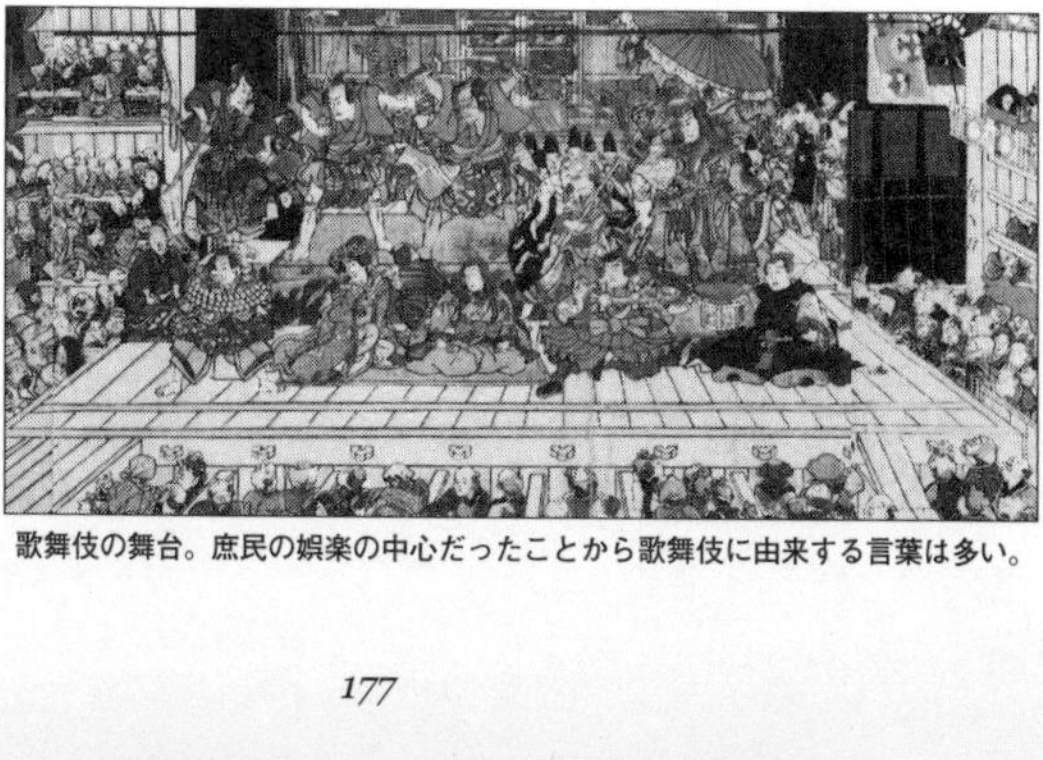

歌舞伎の舞台。庶民の娯楽の中心だったことから歌舞伎に由来する言葉は多い。

temple of wisdom
No.169

無駄話を「油を売る」というのはなぜ？

無駄話をしていると、「そんなところで油を売ってないで、早く仕事をしなさい！」と怒られてしまいます。しかし、そもそもなぜ無駄話をすることを「油を売る」というのでしょうか？

「油を売る」という言葉は、江戸時代から既に使われていました。江戸の街では、整髪剤として油を塗っていたため、油売りという商人がいたのです。**油は粘り気が強く、ひしゃくを使ってお客さんの桶に入れるまでに非常に時間がかかりました。**

この間、黙っているわけにもいかず、**油売りはお客さんと長話をすることになります。**このことが転じて、長話をすることが「油を売る」と言われ始めたのです。

temple of wisdom
No.170

性別を表す「♂♀」記号の正式名称と由来

♂（オス）を表すこの記号、そして♀（メス）を表すこの記号。よく見かける記号ですが、正式名称をご存知の方は多くないかもしれません。

実はこの記号は、太陽系の天体の位置で占いを行う**「占星術」が由来**なのです。また、ギリシャ神話ではこの記号一つで、その星の神を表す記号としても使用されます。

♂は正式には「マスキュラ」と呼びます。占星術では火星を表し、ギリシャ神話では戦の神である軍神アレスを示す記号として使われます。記号のモチーフは軍神アレスの持っている盾と槍の組み合わせ、または矢を表していると言われています。

一方、**♀は「フェミニン」が正式名称**です。占星術では金星を表し、ギリシャ神話では美の女神アフロディーテ（ヴィーナス）を示す記号として使われます。記号のモチーフはアフロディーテの持つ手鏡を表していると言われています。

ギリギリの状態を表す「土壇場」はどんな場所？

temple of wisdom
No.171

人生の崖っぷちに立たされ、究極の選択を強いられる。そんな状態を「土壇場に立つ」といいますが、土壇場とはどんな場所なのでしょうか？江戸時代、死刑を宣告された罪人を斬首刑に処す際、地面に土を盛ってその上で首を切り落としていました。この盛ってある土が**「土壇」**で、この**土壇の前には落ちた首が入る穴まで掘られていた**のです。このことから、切羽詰まった状態に立たされることを「土壇場に立つ」と言うようになったのです。

現代では土壇場に立たされても、その後の選択次第では危機を脱することができるでしょう。しかし江戸時代では土壇場に立たされたが最後、二度と起死回生を図ることはできないでしょう。

「誤魔化す」のルーツはお菓子？

temple of wisdom
No.172

適当に言葉を濁し、その場を取りつくろうときなどに使われる「誤魔化す《ごまか》」という言葉。この言葉は江戸時代からあるようですが、どのような場面で使われていたのでしょうか？

語源には諸説ありますが、その中の一つが、**江戸時代に作られていたお菓子からきている**というもの。お菓子の名前は**「胡麻胴乱《ごまどうらん》」**といい、小麦粉と蜜と胡麻を混ぜて練ったものを焼き上げ、ぷっくりと大きく膨らんだ外見をしています。

しかしその団子は、**大きさこそあるものの、割ってみると中身は空洞**なのです。

このことから、適当に取りつくろう様子や、相手をあざむくような行為を「胡麻菓子」から転じて「誤魔化し」になったというわけです。

「一富士、二鷹、三茄子」には続きがある

temple of wisdom
No.173

初夢に見ると縁起がいいとされる「一富士、二鷹、三茄子」ですが、実はこの続きがあることはご存知でしょうか？

「一富士、二鷹、三茄子」は縁起のいい物の代名詞とされ、これを初夢に見ると、いい一年が送れるとされます。ではなぜこの三つは縁起がいいのか。諸説ありますが、江戸時代の文献に既にこの言葉が使われており、次のような説明がされています。

　徳川家康が好んだとされる「富士山」「鷹狩り」「初物の茄子」からきている説。富士は「日本一」を、鷹は「賢く強い」を、茄子は「成す」を意味しているという説。富士は「無事」を、鷹は「高い」を、茄子は「成す」を掛け言葉で表しているという説。

　さて、この一富士、二鷹、三茄子に続き、**「四《よん》扇《せん》、五《ご》煙草《たばこ》、六《ろく》座頭《ざとう》」まで存在**します。座頭とは盲目の僧である琵琶法師のことです。

この後半の三つは、**前半の三つの言葉とそれぞれ掛かっている**と言われています。

・富士と扇……末広がりの形をしており、子孫繁栄・商売繁盛を願うもの

・鷹と煙草……鷹と煙草の煙はどちらも天高く上昇することから、運気上昇を願うもの

・茄子と座頭……茄子にも僧の頭にも毛がないことから「怪我ない」＝家内安全を願うもの

地域性を反映して四つ目以降が変わる場合もあるようです。

怖すぎる「ゆびきりげんまん」の本当の意味

temple of wisdom
No.174

「ゆびきりげんまん 嘘ついたら 針千本のーます」

子どもの頃は小指同士を組み合わせて、この台詞と共によく約束をしたものです。しかしこのゆびきりげんまんの由来はとても怖いものでした。

発祥は江戸時代にまで遡《さかのぼ》ります。当時の遊郭では、自分の意中の男性に対して特別な思いをしたためた起請《きしょう》と呼ばれる手紙を渡したりしていました。そしてさらに**特別な思いを伝える際に用いられたのが、自分の小指を切り落として、男性に渡すという行為**です。

これが「ゆびきり」すなわち「指切り」の始まりです。極道の世界でも小指を落としてケジメをつけるのは、この指切りと同じで強い意志の表れだと言われています。

それでは「げんまん」とは何なのでしょうか？漢字では「拳万」と書きます。これは握り拳で一万回殴ることを意味しています。
つまり約束を破ると**「小指を切り落とし、一万回殴った後、針を千本飲まされる」**ことになるのです。軽い気持ちで約束したからといって、破っていいことにはなりません。交わした約束はしっかりと守りましょう。

temple of wisdom
No.175

「だらしない」の「だらし」って何？

身だしなみや部屋が汚かったり、遅刻が多かったり、異性関係やお金の使い方にまで幅広く使われる**「だらしない」**という言葉ですが、「だらし」とは一体何のことを指しているのでしょうか？

「だらしない」の「だらし」とは、**元々「しだら」という言葉**でした。「しだら」とは、**和太鼓や笛などで演奏される邦楽の手拍子のこと**で、このことから「調子が狂う」ことを「しだらがない」と言うようになりました。

　そして、現代でいう「銀座」を「ザギン」と呼ぶようなテレビの業界用語のように、**言葉遊びとして「しだら」が「だらし」と呼ばれるようになった**のです。

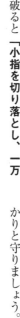

ネコババの語源

temple of wisdom No.176

財布を拾って素知らぬ顔で立ち去る。そんな行為のことを**「ネコババ」**といいます。

漢字で書くと「猫糞」。ババとは糞のことを指し、今でも関西方面では使用する人もいます。

ネコババは、**猫が糞をした後に砂をかけて隠してからその場を去る姿から作られた言葉**なのです。

ちなみにネコババは遺失物等横領の罪にあたり、1年以下の懲役又は10万円以下の罰金を科せられます。落し物を拾った際は素直に警察に届け出ましょう。

ちやほやの語源

temple of wisdom No.177

学校や職場などで異性からちやほやされている人はいませんか？　この**「ちやほや」**という言葉。

実は間違った使われ方をしています。

辞典などでは「相手を甘やかしたり機嫌をとっ

たりして、大切に扱うさま」と記されています。

しかしこの言葉のルーツを探ることで、使い方が若干変わっていることがわかります。

ちやほやの語源となる言葉が使われだしたのは平安時代。今もなおその言葉を聞くことはありますが、滅多に使われなくなりました。例えば大事な娘を大切に育ててきたことに対して「あの娘は蝶よ花よと育てられて」と言います。

そうです、**「ちやほや」とは「蝶よ花よ」が略されてできた言葉**なのです。「蝶よ花よ」とは大人が子どもをあやす際に使われる言葉なのです。

現代ではこれが広義になっていき、異性からもてはやされることを「ちやほや」されるなどという使われ方に変わってしまいました。

漢字の振り仮名を「ルビ」という理由

temple of wisdom
No.178

子ども向けの本であったり、漫画であったり、難しい漢字に対しては読みがなが振ってあります。これを**「ルビ」**というのですが、なぜルビと呼ばれるのでしょうか。

その起源は、日本に活版が伝わった時代に遡ります。明治時代以降、日本に活版印刷の技術が伝わりました。活版印刷とは活字が掘ってある板を組み合わせて印刷する技術です。

当時のイギリスではこの活版の文字の大きさに対して、宝石の名前をつけて統一していました。例えば4・5ポイント活字はダイヤモンド、5ポイント活字はパールという具合です。

日本で主に使用されていた活版は7号活版というものであり、これに振り仮名を付けたときの丁度いい大きさは5号活版でした。この5号活版が、**イギリスにおける5・5ポイント活字の名前である「ルビー」とほぼ同じ大きさだったことから、日本では振り仮名の文字の大きさを「ルビ」と呼ぶようになった**のです。

今では振り仮名そのものをルビと呼んでいますが、本来は文字の大きさを表す言葉なのです。

temple of wisdom
No.179

親を切ることが「親切」なの？

日本の言葉は、独立した意味のある漢字が連なって一つの新たな意味となっているものがほとんどです。掲題の「親切」を辞書で引いてみると、「相手の身になって、その人のために何かをすること」と出ます。

「親を切る」と書く言葉にしては、その意味にそぐわないのではないか。そんな疑問を抱いたことのある人もいるかもしれません。

しんせつを漢字で書くと、親切の他にも深切とあてることができます。このことから、親とは両親などの親を指す言葉ではないことが分かります。親は「身近な親しい人」を表しているわけです。

そして切は、切望や切実などの単語にも使われるように、傷つけるような意味で使われる言葉ではありません。

刃物で切るというところから、**「切」には「直に接する」という意味があります。**

つまり親切という言葉は、親を切るということではなく、相手の親身になって接してあげるという意味となるわけです。

ヤマをはって予想する？「ヤマ勘」の語源

temple of wisdom
No.180

試験の前日、本番の問題にヤマをはって一夜漬け、なんて経験がある方も多いでしょう。この予想するという意味で使われる「ヤマ」とは一体なんのことなのでしょうか？

「ヤマ勘」の「ヤマ」とは、山を指しています。

その昔、金脈や金山を探り当てる職業として、山師というものがありました。山師は地形の状態などからその山に鉱物があるかを判断するのですが、**「勘」**というのもまた判断材料の一つだったのです。すなわち、**「山師のように勘を働かせる」**ことが省略されて「ヤマ勘」と呼ばれるようになったのです。

temple of wisdom
No.181

なぜ大西洋は「大」で太平洋は「太」と書く？

同じ「たい」と読む大西洋と太平洋。なぜ同じ字で統一しないのでしょうか？

どちらの言葉も、英名が由来となっています。**大西洋の英名は「Atlantic Ocean（アトランティック・オーシャン）」**で、日本語に訳すと**「アトラスの海」**となります。このアトラスとは、ギリシャ神話に登場する神様のこと。ヨーロッパに深く根付いている神話です。

日本はギリシャ神話とは縁が浅いため、**日本人でも分かる名前を付ける必要がありました**。そこで、「ヨーロッパ大陸の西の海」ということで、「大西洋」と名付けられたのです。

ちなみに、なぜ「大西海」ではなく「大西洋」なのかというと、「洋」という字は「大きな海」という意味が含まれているからです。大西洋はヨーロッパとアメリカの間にある非常に大きな海域のため、「洋」の字があてられました。

それに対して太平洋の英名は「Pacific Ocean

大西洋の名前の由来になったギリシャ神話の神アトラスの像（左）と太平洋という名称を生み出した探検家マゼラン（右）

（パシフィック・オーシャン）」で、日本語に訳すと**「平和な（穏やかな）海」**となります。

これはかつての大航海時代に活躍した海洋探検家の**マゼラン**が、「この海はなんと穏やかなのだろう」と感じたことから名付けられました。

平和で穏やかな意味を持つ言葉、それこそが「太平」という言葉です。天下太平ともいうように、世の中が平和であるという意味です。この海も広く大きいため、海ではなく洋の字があてられ「太平洋」という名前が誕生したのです。

temple of wisdom
No.182

敗北の語源は「敗れたら北に行く」？

勝利とは、勝って利益を得ることが語源ですが、その対義語の「敗北」には、なぜ**「北」**という字が含まれているのでしょうか？

「北」という字は、人と人とが背中合わせに立っている姿から作られた会意文字です。古代中国では、陽の気が南側にあると考えられ、南側を向いて座るのが作法だったと言われています。このことから、「北」という言葉には、**常に背中を向ける方角**であるという意味が含まれるようになりました。

「背」という漢字にも、体の反対側を意味するので「北」という漢字が使われているのです。

この意味から、「敗北」の「北」は**敵に背を向けて逃げる姿**を意味しているのです。漢和辞典にも「逃げる」「背を向ける」といった意味があることがわかります。

読み方で意味が変わる「ゼロ」と「れい」の違い

temple of wisdom
No.183

「0」とは、そのものが全く存在しない、無を表しています。

しかしこの記号の読み方は**「ゼロ」**と**「れい」**の二種類が存在します。その上、読み方が違うだけで意味が変わってくるので注意が必要です。

まず、**ゼロは普段皆さんが思っているように、無や全く存在しないもの**という意味です。

0の概念はインドが発祥で、それが後にヨーロッパへと伝わりアラビア数字として誕生しました。その読み方としてゼロと名づけられたのです。

一方のれいは、ゼロとは少し違ったニュアンスが含まれています。漢字にすると「零」。「零細企業」などの単語にも使われるように、**零には「ほんの少し」という意味が含まれており、無であることではありません。**

零という字は「雨」と「令」を足した形声文字であり、もともとは小雨を意味する漢字でした。その意味がだんだんと崩れていき「少しだけ」という意味を持つようになったのです。

ちなみに、テレビやラジオから流れてくる音声に注意してみると、**降水確率を表す際は必ず「0《れい》パーセント」と読まれています**。これも、全く雨が降らないわけではないという意味があるからなのです。

temple of wisdom
No.184

午前午後を表す「AM」「PM」は何の略？

午前9時は「AM9時」、午後9時は「PM9時」。このように、時間を表記する際、同じ数字でも午前なのか午後なのかを区別するために「AM」と「PM」という単語が使われます。これらは何の略語なのでしょうか？

一見すると英語の略語のような気がしますが、英語で午前は「before noon」、午後は「after noon」であり、いずれもAM、PMの略ではありません。

実は**AM、PMの語源はラテン語**です。

AMはラテン語で「ante meridiem」、PMは「post meridiem」の略です。「ante」は「before」、「post」は「after」と同じ意味で、それぞれ「～前」、「～後」となります。「meridiem」も「noon」と同じで「正午」という意味なのです。

「ギザギザ」は何語？

temple of wisdom
No.185

「ギザギザして痛い」「ノコギリの刃の様にギザギザしている」などの表現がされる「ギザギザ」ですが、言葉の由来は何なのでしょうか？

日本語には、生物の声や無生物の出す音を表す語として「擬音語」というのがあります。例えば「猫が〝ニャーニャー〟鳴く」などです。

そしてもう一つ、動作やその状態などを音で象徴的に表現する「擬態語」というものがあります。例えば「納豆が〝ネバネバ〟している」などです。

この**ギザギザも擬態語の一種**ですが、この言葉は一体何が語源となっているのでしょうか？

答えは**英語**です。日本貨幣が造られるようになった当時、硬貨の縁にギザギザの溝を付けたいという要望がありましたが、「ギザギザ」という言葉自体がなかったため、うまく伝えることができませんでした。

そこで既に存在していた、布を縫い縮めて寄せたヒダのような製品**「ギャザー」**という言葉を利用し、段々の溝を「ギャザ」と呼ぶようになってから、現在の「ギザギザ」に変化したと言われています。つまり、ギザギザは元々は英語から来ている言葉なのでした。

現在でも布が縮まってひだ状になっている部分をギャザーと呼ぶ

超ド級はどれくらいデカイのか？

temple of wisdom
No.186

超ド級の他にもド迫力など、凄く大きいものなどを例える際に使われるこの言葉。漢字では「弩」という字が当てられます。

この「ド」とは、**20世紀初頭にイギリス海軍が開発した大型戦艦「ドレッドノート」の頭文字**です。ドレッドノート（dreadnought）を日本語に訳すと「恐れ知らず」となります。

開発当初、ドレッドノートは**世界最強の戦艦**として知られ、世界中の海軍の常識を変えました。

これ以降、ドレッドノートの大きさを超える戦艦は「ドレッドノートを超える戦艦」という意味で「超ド級戦艦」と呼ばれるようになります。ここから他を超える大きさなどを例える際に、超ド級という言葉が使われ始めたのです。

20世紀初頭にイギリス海軍が開発した戦艦ドレッドノート

一文字で最も長い読みを持つ漢字

temple of wisdom
No.187

漢字は、判明しているだけで実に20万も存在すると言われています。その内、私たちが日常生活で使用する常用漢字は、わずか数百種類。これだけの漢字が存在していると、中には奇想天外な漢字もあるのです。

例えば、**たったの一文字で発音される音がなんと13文字の漢字**。しかもそんなに長い読みを持つ漢字が二つも存在します。

一つ目の漢字……砉

さて、この漢字は一体何と読むでしょうか。一見すると画数も多くなく、難しい漢字のようには思えませんが、確かに習った覚えのない漢字です。

答えは、「**ほねとかわとがはがれるおと**（骨と皮とが剥がれる音）」です。怖すぎます。一体いつ使えばいいのか全くわかりません。

二つ目の漢字……䄔

気を取り直して同率一位のもう一つの漢字を見てみましょう。左側に「示」のような字、右側は「豆」という字です。小学校で習っていてもおかしくはないくらい簡単な文字です。

答えは「**まつりのそなえもののかざり**（祀りの供え物の飾り）」です。そもそも祀り（祭り）の供え物の飾りそのもの自体に名前はあるはず、と考えてしまいますが、昔は違っていたということなのでしょうか。

しかし、現代の感覚でいえば、テレビのリモコンのことを、「テレビのチャンネルを変えるための遠隔式スイッチ」というのと同じようなこと。

一体いつ使えばいいのでしょうか。

記録されている漢字の中でこの2種が最も長い読みを持つ漢字として認定されています。他にも12文字、11文字もありますし、変わった読みをする漢字も存在します。興味がある方はぜひ調べてみてください。

temple of wisdom No.188

ナンバーの略語がなぜ「No.」なのか?

ナンバー、すなわち数字のことですが、英単語で書くと「Number」となります。略す際になぜ「Nu.」ではなく「No.」なのでしょうか?

そもそも「No.」とは番号を示す数字の前に置かれる記号です。この記号のことを**「ヌメロー・サイン」**と呼びますが、ヌメロー（Numero）とは**ラテン語で「数える」を意味します**。このラテン語が省略されて「No.」となっているのです。

なお、「N。」「No」と表記されることもありますが、いずれも同じ意味です。

「灯台下暗し」の灯台はどこの灯台？

temple of wisdom
No.189

海を照らす灯台は、遠海から陸地の位置が分かるようにと建てられているものです。灯台下暗しとは、「人は身近なことには気づきにくい」という例えですが、**実はこの「灯台」とは、海岸に建てられている灯台のことではありません**。

確かに船の安全を守るための海の灯台も、その真下は暗いでしょうが、語源はそれではありません。この言葉は江戸時代には使われていたとされていますので、その時代に灯台があったとは思えません。

昔の照明器具の中には、薄い皿のような入れ物に油を入れ、ロウソクの芯のようなものを浸しておき、そこに火を灯して周囲を照らすものがありました。この照明を「灯台」と呼んでいたのです。

構造上、この灯台の真下には灯りが届かないため、「すぐ真下の足元が見えない」ことが転じて、「身近なことには気づきにくい」という言葉が生まれたのです。

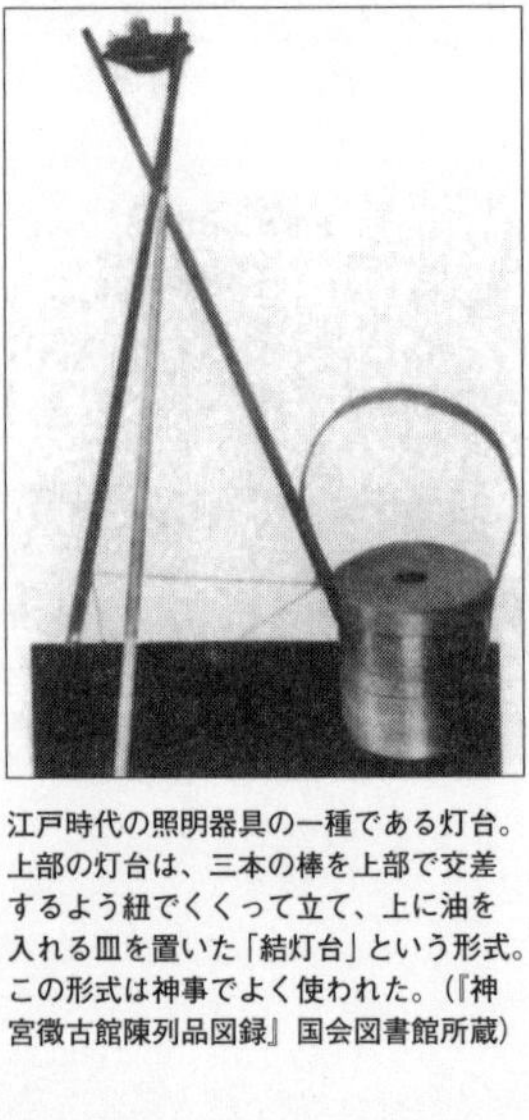

江戸時代の照明器具の一種である灯台。上部の灯台は、三本の棒を上部で交差するよう紐でくくって立て、上に油を入れる皿を置いた「結灯台」という形式。この形式は神事でよく使われた。（『神宮徴古館陳列品図録』国会図書館所蔵）

第5章 生き物の雑学

闘牛の牛は赤いものに興奮していない

temple of wisdom
No.190

「オーレ！」と華麗に闘牛の突進をかわすマタドール。牛は彼らの振る赤い布めがけて大興奮で突進していきますが、実は**赤い布だから興奮しているわけではありません**。

牛は2色型色覚の目を持っており、全く色の区別が付いていないわけではありませんが、赤い色は認識できていません。

では一体何に対して興奮しているのでしょうか？　それはまさにマタドールが振っている赤い布。問題の色は実は何色でもいいんです。**目の前でヒラヒラと揺れる布に対して、闘牛は一目散に突っ込んでいく**のです。

闘技場に入場する前からわざと牛を興奮状態にさせているので、ちょっとしたヒラヒラなどにも反応して興奮してしまうというわけです。

ちなみに、闘牛の発祥は牛を食べる前の儀式的行為だったといわれています。闘牛場でマタドールを倒してしまった牛は、無残にも殺されてしまう運命にあるのですが、どちらにせよ闘牛出場後は食べられてしまうとのこと。勝っても負けても殺されてしまうようです。

カンガルーは名前がないから「カンガルー」？

temple of wisdom
No.191

お腹に赤ん坊を入れて、ピョンピョンと跳ねる姿が愛らしいカンガルー。そんなカンガルーの名前の由来をご存知でしょうか？

その昔、西洋人が初めてカンガルーを目にした際、現地の人に対して「この動物はなんという名前なのか？」と尋ねました。

しかし現地の方はなんと伝えていいかわからず、「わからない」と答えたそうです。

この**「わからない」が現地語で「カンガルー」と発音する**ことから、西洋人が「あの動物はカンガルーという名前なのか」と勘違いしてこの名前が定着したというエピソードがあります。

しかしこの説は有力なものではなく、本来「跳ぶもの、跳ねるもの」を意味する「Gangurru」が変化して「カンガルー(kangaroo)」になったという説が有力になっています。

前半のエピソードは英語の教科書などに載ってしまったこともあり、世間に広く誤解を招いてしまったようです。

知られざるカバの驚異的な身体能力

temple of wisdom
No.192

地球上で最も強い生物は何かと聞かれたら、皆さんはどんな動物を連想するでしょうか。

意外にもカバは、その外見からは想像できないほどのパワーを持ち合わせています。

草食性であることから大人しそうなイメージですが、そんなことはありません。縄張り意識が非常に強く、別の種属の生物のみならず、**同族のカバにまで襲いかかる攻撃性を持っています**。

体長はおよそ4メートル前後あり、身体のほとんどが筋肉で覆われています。体重は、陸上生物としてはゾウの次に重たい2トン前後。そして、中でも特徴的なのが大きく開く口です。口は150度まで開くことができる上、これを支える筋肉が非常に発達していることから**顎の力はとてつもなく強く、その力は1トンと言われています**。さらに40センチほどの牙が生えているため、噛み付かれたらひとたまりもありません。

カバの高い身体能力を示すデータはまだまだあります。足が短いので遅そうですが、実際には**最高時速40キロメートル以上で走ることができます**。人類の平均速度は37キロメートルですので、追われたら逃げることは難しいでしょう。ただし

持続力に乏しいため、長距離を走ることは苦手なようです。

そんな不得手な部分を補っているかはわかりませんが、カバは水中戦にも耐えることができます。鼻孔や耳を自在に開閉できるため、水中である程度自由に活動することができます。そのおかげで**約5分間という長時間の潜水が可能**なのです。

これらのデータをまとめると、世界最強生物にカバの名前がランクインしてもおかしくはないのかもしれません。

カバが流す血のように赤い汗の本当のところ

temple of wisdom
No.193

「血の汗」と呼ばれるように、カバはピンク色に近い赤い色の汗を流すことで知られています。本当に血の成分が含まれているのでしょうか？

そもそもカバは汗腺を持たないため、汗をかきません。**流れているのは汗ではなく、ヒポスドール酸という赤い色素を持つ粘液**です。血液の成分ではありません。

このヒポスドール酸には**殺菌作用**もあり、汚れた水の中に潜む様々な感染菌からもカバの身を守ってくれているのです。カバは主に水中に生息します。陸に上がった際は乾燥と紫外線の刺激を防ぐために血の汗を分泌しているのです。

屈強なゴリラの意外すぎる弱点

temple of wisdom
No.194

オスの体長は170～180センチメートル、体重は150～180キログラムで、その握力は500キログラムとされる怪力自慢のゴリラ。こんな屈強な生物にも**意外な弱点**がありました。

地域や種属によって異なるものの、ゴリラは基本的には群れをなして生活をする動物です。オス1頭に対して複数のメスの群れや、複数のオスとメスが入り混じった群れなどが存在します。

また、ゴリラの群れ同士での縄張り意識も強く、常に外敵を警戒して行動しています。

このような情報を聞くと、外敵からメスを守り、鋭い眼光で辺りを警戒し、自慢の怪力で自然界のトップに君臨しているようなイメージを持ちますが、実はゴリラは**メンタルが非常に弱い**のです。

ゴリラは哺乳類の中でも知能が高いため、他の動物と比べて警戒心も強く、様々なことでストレスを感じます。**ストレスから神経系の下痢になったり、心臓の負担から死亡するケースも確認されており、ストレスにはめっぽう弱い**のです。

動物園の檻の中に入れられているゴリラでさえ、見られているだけで相当なストレスを感じます。そのため、ストレス解消となる様々な遊具や食べ物などが置かれているのです。

とあるブログの記事によると、檻の中にワラをたくさん敷いた中にリンゴを隠しておき、ゴリラにそれを探すよう意識を集中させることにより、観客から見られていることへのストレスを軽減させている動物園もあるようです。

ゴリラのお腹はなぜポッコリしている?

temple of wisdom
No.195

霊長類の中で最も大きく、パワフルなゴリラは、その力強いイメージから「ゴリラのイラストを描いてください」と言われると、つい筋肉質なマッチョな絵を描いてしまいがちです。

しかし**ゴリラのお腹はポッコリと可愛らしく、まるで赤ん坊のようになっている**のです。これはなぜでしょうか?

食べ物を口にすると、体内のバクテリアが食べたものを分解しながら消化していくのですが、この際にガスが発生してしまいます。要は**オナラ**のことですが、これがゴリラのポッコリお腹の正体です。

その外見とは裏腹に、ゴリラは木の葉や果物などを主食とする草食獣です。草や葉は非常に

消化が悪く、多くのガスが発生してしまいます。それに加えて体が大きいため、大量の餌を食べる必要があり、計り知れない量のガスが発生します。これだけ大量のガスが発生するため、お腹がポッコリと膨らんでしまうのです。

もちろんポッコリとしたお腹の下には分厚い筋肉の壁があるのでしょうが。

temple of wisdom
No.196

シマウマはなぜ縞模様なのか？

人間の視界では遠目からでも確認できるほど目立ってしまう**シマウマの白黒のストライプ**。なぜ進化の途中で保護色である緑や黄土色の毛色にならなかったのでしょうか？

動物の色彩感覚は人間に比べると遥かに劣っています。世界が白黒のグレースケールでしか認識できない動物も少なくありません。

そうなると、白と黒の縦縞模様はどう映るのでしょうか。そうです、**周りの草葉などが保護色となり、カモフラージュされる**のです。

サバンナでシマウマは肉食動物に捕食される側にありますが、シマウマは集団生活をする動物です。縞模様の集団が固まっているところを想像してみましょう。人間の目から見てもハッキリと何体のシマウマがいるのか数えるのは難しいでしょう。

これにより**群れの個体数が認識しづらくなり、慎重に狩りを遂行しなければならない肉食動物は容易に襲いかかることができなくなる**のです。

なお、馬と違って敵対心の強い彼らは、乗馬の達人であったとしても乗りこなすことはできません。馬は人間に心を許し共存しようとしますが、シマウマは人間といるだけでストレスを感じてしまうのです。

ちなみに、馬はヒヒーンと鳴きますが、シマウマは「モー」と鳴きます。牛の鳴き声に非常に近い声を発します。

人間の首とキリンの首の意外な共通点

temple of wisdom
No.197

進化の過程で高い木などの葉を食べるために長く進化したキリンの首。人間を含む哺乳類に全て存在する首の骨は**「頸椎《けいつい》」**と呼ばれ、生命を維持するにあたってとても大切な骨です。

人間の頸椎は7つの骨によって形成されていますが、首のながーいキリンの頸椎は一体いくつの骨によって形成されているのでしょうか？

実は**このキリンも、頸椎の骨は人間と同じ7つで構成されている**のです。

哺乳類に属する生物の種類はおおむね4300

～4600種類と言われています。哺乳類の頸椎は、**ごく一部の例外を除いて基本的に7つの骨で形成されています。**一部の例外とは、マナティ（6つ）、ホフマンナマケモノ（6つ）、ミユビナマケモノ（9つ）のたった3種類と言われています。

また、クジラなどの哺乳類は、胎児時には7つに分かれている骨が成長と共に一つにかたまるように変形していくため、これも例外と呼べるのではないでしょうか。

temple of wisdom
No.198

生物界最短！ 驚くべきキリンの睡眠時間

人間の睡眠時間の平均は7時間と言われています。理想的な睡眠時間はどれくらいなのかといった議論が止むことはありませんが、キリンの睡眠時間ぐらいがいいという方は少ないでしょう。

生物は、生態系によって睡眠時間が大きく変わります。つまりは、肉食動物であるか、草食動物であるかの違いです。

肉食動物が食べる肉からは高エネルギーを摂取することができますが、狩りの瞬間にエネルギーを多く消費するため、体力の温存を兼ねて多くの睡眠時間を要する生物が多いのです。

一方、草食動物はどうでしょうか。のどかに草葉を食べているイメージがありますが、いつなんどき肉食動物に狙われるかという不安と共に生活を送っています。これは睡眠時でも例外ではありません。一部の例外を除いては、**草食動物の睡眠時間は平均して3時間ほど**です。中でもキリンの睡眠時間は陸上生物中、最も短いとされています。

キリンは非常に長い首を持ちますが、足もとても長いですね。足を折らずに立ったまま寝る仮眠が睡眠時間の大半を占め、足をたたんだ座った状態での熟睡は**わずか20分程度**です。これは陸上生物で最も短い睡眠時間とされています。

ただ、草食動物でも一日の大半を寝て過ごす動物がいます。それがコアラとナマケモノです。エサとする葉っぱが毒性を含んでいるため、他の動物とエサの取り合いが発生することがありません。

そのため、食事は木の上でゆっくりと摂り、毒性の葉は消化が悪いためにゆっくりと胃で消化されます。外敵がいない上、消化に時間がかかることから一日の大半を寝て過ごすわけです。

思わずツッコミたくなる肉食動物の食生活

temple of wisdom
No.199

人間は偏った食生活を続けているとすぐに体に異常をきたしてしまいます。人間以外の動物も例外ではなく、バランスよく摂る必要があります。それではなぜ肉食動物は肉だけで栄養バランスが摂れるのでしょうか？

動物園で飼育されている動物は、栄養バランスが考慮された食事を摂っていることでしょう。では野生の肉食動物はどうなのでしょうか。

ライオンは食物連鎖のヒエラルキーでも頂点近くに位置しているほど強い動物です。サバンナに生息するライオンは、主に草食動物を餌として狩りを行います。

ある学者がライオンの食事風景を観察していると、あることに気付いたそうです。**ライオンは仕留めた草食動物の胃袋や腸を食い破り、消化しきれていない内容物を真っ先に食べる**、とのこと。

要するに、**草食動物が食べた草を食べること**で、栄養のバランスを保っているのです。

ここで多くの人は一言いいたくなるはずです。

それならば最初から草を食え……と。

temple of wisdom No.200

狩りに有能そうなチーターの無能っぷり

陸上生物の中で最も足が速いことで有名なチーター。その速さは100メートルを3秒台で走り抜けることができ、時速に換算するとなんと時速120キロメートルもあるというから驚きです。

しかし、ヒョウやトラと同じく猫科に属するチーターは、狩りに有能な種族かと思いきや、実はそうではないのです。

まず、チーターは全力疾走で超スピードを発揮しますが、残念なことに驚くほど持久力がありません。**わずか500メートルを疾走するだけでそのスピードはみるみる落ちていく**のです。

そしてもう一つの習性が、狙った獲物は絶対に変えない頑固さです。物陰からこっそりと忍び寄る姿はまさに狩りの達人そのもの。狙いを付けていざ走りだすまではいいものの、絶対に標的を変えることはありません。**逃げ遅れた動物がいたり、足が遅いものがいたり、自分の目の前を横切ったとしても、絶対に標的を変えることはない**のです。

このような上手そうで下手そうな狩りのせいか、チーターは今現在、絶滅危惧種に指定されているのです。

デブの代名詞「ブタ」は豚に失礼だった

temple of wisdom
No.201

悪口の代名詞ともいえる「ブタ」という表現。主に太っている人に対して言うこともあれば、単純に蔑む悪口として、または冗談半分で口にすることがあるかと思います。

しかし、この言葉を口にした際に一番傷ついているのは、言われた相手ではなく、比喩された豚の方なのではないか。そう思える雑学をご紹介します。

豚はイノシシを家畜用に改良した生き物で、野生のものでは木の実などの他、土の中の根や球根を掘り返して食べるため、堅い鼻と強靭な背筋力を兼ね備えています。

力もとても強く、突進をまともに受けると大人でも数メートルは吹き飛ばされるほどの力を持っています。

そのため、豚の身体は強い筋肉で覆われています。野生のものでは**その体脂肪率はなんと10％以下**。食肉用として育てられる豚は、わざと太るように飼育されていますが、それでもおよそ14％から18％であるとされています。

この体脂肪率を人間と比べるとどうでしょうか。年齢層によって差はありますが、**成人男性の場合の平均体脂肪率は17～24％。成人女性の場合は28～36％ほど**と言われていますので、人間と比べると豚はマッチョな体型をしているのです。

また、汚い部屋のことを「まるで豚小屋のようだ」と例えて蔑むことがありますが、**豚は清潔を好む生き物**とされています。

確かに一見するとその住処は汚れているように見えますが、自分の寝床や餌場から一定距離を置いた決まった位置にしか糞をしないなど、他の動物ではあまりない行動をとります。

ブタの意外な生態は他にもあります。

豚は知能も高いことで知られ、犬またはそれ以上の知能だと言われています。芸も覚え自分の名前を理解し、数少ない「鏡を認識できる動物」でもあります。

太っていて不潔な印象が強い豚ですが、実際はその真逆だったのです。

犬はなぜ臭いに悶絶しないのか？

temple of wisdom
No.202

犬の嗅覚は人間の嗅覚と比べて100万～1億倍の強さを持っていると言われています。人間の鼻でも臭いものを嗅いでしまったときには気持ちが悪くなるものですが、なぜ犬は平気なのでしょうか？

鼻には、臭いを感じるために**「嗅細胞」**があります。人間にはこの嗅細胞がおよそ500万個ありますが、犬はなんとその40倍、2億個もの嗅細胞を持っています。また嗅細胞自体の大きさも、人間の23倍も大きいと言われています。

しかし、嗅細胞の数が多いからといって、臭いを強く感じるわけではないのです。

犬を散歩していると、あちこちの臭いを嗅ぎまわることが多いです。これはその場所にマーキングをした他の犬の情報を、臭いから感じ取っているのです。つまりは**詳細な情報を臭い一つから得ることができる**のです。

人間で例えるならば、牛肉と豚肉の生肉の臭いだけを嗅いで、どちらが牛肉か豚肉かを判別でき

る方はそういないでしょう。しかし嗅細胞が多く発達することで、さらなる細かな臭いの違いを嗅ぎ分けることができ、臭いの情報量を多く入手できるのです。

つまり、人間には体感できないほど沢山の種類の臭いを吸引しているということ。人間が臭いと感じる臭いは、犬に取ってはいい香りなのかもしれないのです。

temple of wisdom No.203

犬も、猫舌である

熱いものが冷めないうちは食べられない。俗にいう猫舌というものです。この言葉は猫は決して熱い食べ物には口を付けず、冷めるまで待ってから食べだすという姿から生まれた言葉です。

しかし、実は猫に限らず、**犬や他の動物も猫舌**なのです。

一方、猫舌で熱いものが食べられない方もいるでしょうが、人間は基本的に猫舌ではありません。そう、**「人間だけ」は猫舌ではない**のです。

その理由は単純明快。**人間は火を使って調理することを習得した生き物だから**です。人間は火で加工する技術を持ち得た上で、熱い食料を食べることができるように進化してきたのです。

もしかすると飼い方と品種改良を重ねれば、何百年、何千年先には熱いものが食べられる猫が誕生するのかもしれません。

ドッグフードを猫に与えてはいけない理由

temple of wisdom No.204

犬のエサも猫のエサも、どちらも外見的には似ていますし、どっちがどっちでも問題はなさそうではあります。確かに、キャットフードを犬に与えても問題はありません。しかし、**ドッグフードを猫に与えることには問題がある**のです。

そもそも**犬は雑食**です。野菜が好きな犬もいれば、果物が好きな犬もいます。魚も肉も食べますし、白米だって食べます。

一方、**猫は肉食の動物**です。肉から生命活動を維持させるための必須アミノ酸である**タウリン**を摂取する必要があります。本来はエサからタウリンを吸収できるので、猫の遺伝子には体内でタウリンを生成する酵素がありません。そのため、市販のキャットフードにはタウリンが含まれているのです。

犬は雑食なので体内にタウリンを合成するための酵素を持っています。このため、ドッグフードにタウリンを含める必要がありません。

しかし、猫がドッグフードを食べ続けた場合、タウリンが欠乏することで目の病気が発症したり、心筋症などの症状を引き起こしてしまう可能性があるのです。

ネコに魚を与えてはいけない!?

temple of wisdom
No.205

「お魚くわえたドラ猫を追っかける」という歌詞が印象的なサザエさんのオープニングソング。この影響で、猫と言えば魚を連想する人も少なくないのではないでしょうか。確かに、猫の好物の一つとしてかつお節があるように、猫は魚が好きなのは間違いではありません。しかし**生魚となっては話は別で、猫にとって健康を損なう恐れのある食べ物**なのです。

魚の種類によって含まれる栄養素は違いますが、ほとんどの生魚は猫にとって健康に対する何らかのリスクが存在します。例えば人間が刺し身でよく食べるマグロやサーモンには、タンパク質と脂肪分が多く含まれ、**猫の肝臓に大きな負担を与えてしまいます**。

海の魚だけでなく、川の魚も病気の元。川魚にはチアミナーゼが含まれており、ビタミンB1を破壊する働きをするため、与え続けていると**ビタミンB1欠乏症**になり、嘔吐や神経障害、知覚障害など重度な症状を発症してしまいます。

キャットフードの中には魚を原材料にしているものも沢山ありますから、魚を与えたからといってすぐに病気になるわけではありませ

せん。人間でも同じ食べ物を食べ続けていれば、栄養が偏ってしまい健康に影響が及びます。

確かに生魚は猫にとって病気になるリスクが非常に高いと言えるでしょう。

もし、どうしても魚を与えたいのであれば、かつお節などをアクセントとして少量加えるか、しっかりと加熱した上で骨をキレイに取り除いて与えるようにしましょう。

temple of wisdom
No.206

なぜオスの三毛猫は希少価値が高いのか？

三毛猫のオスは非常に稀にしか誕生せず、希少価値が高いことは有名な話です。

ではどれほどの希少さを誇るのか深く掘り下げてみましょう。

そもそも三毛猫は品種の名前ではありません。3色の毛色をもった猫のことです。一般的に白・茶・黒の3色で短毛の日本猫とされています。

オスの三毛猫が誕生する確率は3万分の1。パーセンテージにすると0・003%です。これは飛行機の墜落事故が発生する確率と一緒です。

ではどのようにして三毛猫が誕生するのでしょうか。毛色は遺伝子の染色体に起因しているのですが、遺伝子学的に詳しく説明すると非常にややこしい話になりますので、ざっくりと説明します。

まず、染色体はX染色体とY染色体に分かれます。このうち、色を決める要素を持つ染色体はX染色体だけです。

オスメスの個体でそれぞれ二つずつの染色体を持っています。メスはX染色体＋X染色体（XX）、オスはX染色体とY染色体（XY）です。

子は親の染色体を一つずつ受け継いで遺伝子を継承していきます。例えばメスのXとオスのXを受け継いだ場合はメスが、XとYを受け継いだ場合はオスが生まれます。

以上を念頭に置き、親メスが茶色と白、親オスが黒の猫だった場合にどのような色の子猫が誕生するかを考えてみましょう。

XXを受け継いだメス子猫の場合、毛色の可能性は茶・白・黒です。どの毛色になるかは生まれないと分かりませんが、3色で生まれる可能性を秘めています。

XYを受け継いだオス子猫の場合、オス親から受け継いだY染色体には色を決める要素が含まれないため、毛色の可能性は茶と白の2色です。これがオス猫が三毛猫として誕生しない理由です。

では、確率が低いとはいえ、オス猫で三毛が誕生するのはなぜなのでしょうか？　一口で言えば**突然変異**によるものです。ごく稀にXXYの染色体を受け継いだオス子猫が誕生することがあるのです。このような突然変異をクラインフェルター症候群といい、猫だけでなく犬や馬や人間にもおこることがあります。

ちなみに、もしメスの三毛とオスの三毛を交配したらオスの子どもも三毛になるのでは？　と思う方もいるかもしれませんが、子猫に継承される染色体の配列は変わらないため、オス三毛が生まれる可能性は極めて低いです。

ちなみに、**もし三毛猫のオスがいた場合、その価値は2000万～3000万円**と言われています。

temple of wisdom No.207

指紋認証ならぬ鼻紋認証がある？

同じ指紋をもった人は存在しない。これにより本人確認のセキュリティ機能として、現代では指紋認証機能のテクノロジーがいたるところで採用されています。

動物界ではどうでしょうか。人間のように指紋を持った動物はかなり限られており、個体識別は難しいです。しかし例外である動物がいるのです。

犬や猫などの動物は**「鼻紋《びもん》」**という鼻の頭にできる筋状の紋様によって個体識別が可能なのです。つまり同じ鼻紋をもった動物は二匹といないということです。

この鼻紋認証が活用されているのが**牛**の世界です。食用として飼育される牛は、生まれたときに鼻紋を採取して全国和牛登録協会に登録します。この鼻紋認証によって、どこのどの牛なのかを判別することができ、捏造などを防ぐことができるのです。

ただし、乳牛用に飼育されているホルスタイン種の牛は、白と黒の模様の違いで大体の区別がつくようで、牧場内での識別ならばわざわざ鼻紋を調べる必要はないのだとか。

本当にウサギは寂しいと死んでしまうのか？

temple of wisdom
No.208

じっと動かずに、どこか潤んだ瞳で寂しげに見つめてくる……。そんなウサギは昔から**「寂しいと死んでしまう」**と言われています。本当にそんなことがあり得るのでしょうか？

現在ペットとして飼われているウサギは、野生のアナウサギをペットとして飼いやすいように品種改良が重ねられたウサギです。

アナウサギは、穴の中に巣を作って集団で群れを形成することから名付けられました。しかし、非常に縄張り意識の強いアナウサギは、同種のウサギに対しても敵意をむき出しにします。そのため、一般的に知られている他の動物の集団行動とは違い、1頭のオスに対して複数のメスという形態で群れを形成します。

このことから、**確固たる群れを形成せずとも単独で生活は可能**ですし、品種改良も施されたこともあり、一匹で寂しいからといってどうにかなることはなさそうです。

そもそもなぜウサギは人間に対して寂しそうと思わせてしまうのでしょうか。それはあの愛くるしい外見に加え、泣きくれたのではないかと思わせる**充血ぎみの瞳**にあるでしょう。

しかしウサギは色素が薄く、毛細血管が透けて見える動物です。瞳も充血しているわけではなく、**毛細血管が透けて見えているだけ**に過ぎません。

なお、よく観察してみると耳の血管も透けて見えます。毛細血管が透けるほどまでに薄い色素を持つウサギは、耳を利用して体温を調節しています。

いずれにせよ、ウサギは寂しいと死んでしまうという俗説は間違いであるといえます。しかし、**ストレスを感じやすい動物**であることは間違いなく、そこから病気にかかることも珍しくありません。また、**半日以上食事を取らなくても病気になり、死に至る**デリケートな生き物です。恐らくこのことから、寂しいと死んでしまうイメージが根付いたのではないでしょうか。

ラクダのこぶには何が詰まっている？

temple of wisdom
No.209

ラクダは砂漠という過酷な環境下に適応するために、優れた進化を遂げました。強烈な砂嵐から保護するため、目には長いまつ毛が生えており、鼻の穴は自由に閉じることができます。もう一つは昼間の暑さ対策です。40度を超える猛暑の中、ラクダはどのようにして暑さを乗り越えるのでしょうか？

言うまでもなく、砂漠は水が自由に摂取できる環境ではありません。そんな中を大量の荷物と人間を乗せて移動するラクダのエネルギー源は、あの**こぶ**にあるのです。

ラクダはこぶの中に大量の水分が貯蓄されているから、水を飲まずに平気でいられるのだといわれることがありますが、これは全くのデタラメです。**あのこぶの中身は「脂肪」**です。

人間でいうところの皮下脂肪が全て一箇所に集まっていると考えていいでしょう。脂肪は熱を通しにくく、その塊を背中全面に背負うことで、**断熱材**の働きをしています。さらには体を動かすために必要なエネルギーは脂肪として大量に貯蓄されるため、長時間の栄養補給を行わずとも、動き続けることができるのです。

砂漠の長旅を終えたラクダは自慢のこぶがペッタンコになってしまいますが、またこぶにエネルギーを蓄えるために、水を80~100リットルほど飲み干してしまうというからさらに驚きです。

temple of wisdom

No.210

ウミガメと他のカメの進化の違い

ウミガメは言わずもがな海中に生息する亀です。このウミガメと陸上または水陸両用で生息するカメでは、ある決定的な違いがあるのです。

生態系で力の弱い生き物は、**いかに自分の身を守るかが進化の決め手**となります。

カメも例外ではなく、陸上で暮らす選択をしたカメは固い甲羅の中に手足と頭をしまいこんで**外敵から身を守る術《すべ》を得ました**。

一方、ウミガメは甲羅の中に手足を完全に収納することはできません。ウミガメは水中での生活を選んだ種として、**より速く泳ぐことを身につけました**。四足は平たく大きく進化し、外敵から逃げる際は時速20キロメートルという驚きの速さで泳いでいくのです。

イルカとクジラは同じ生き物!?

temple of wisdom
No.211

イルカとクジラ。確かに海の生き物で同じ哺乳類ですので、近い生存関係にあることは容易に想像できますが、違いを述べなさいと聞かれた際に「え？　そんな分け方でいいの!?」といった驚きの真実があるのはご存知でしょうか？

イルカはクジラ類ハクジラ亜目に属するクジラの仲間です。

一方クジラは哺乳類のクジラ目に属する水生動物の総称です。

一見、細かくカテゴライズされていて、それぞれの特徴のもとに名前が付けられているように思えます。

しかしイルカとクジラの違いを一言で表すことができます。

・イルカ……全長が４メートル未満のもの
・クジラ……全長が４メートル以上のもの

なんと身体の大きさでイルカかクジラかが判断されるのです。

例えば、先ほどイルカの種属はクジラ類ハクジラ亜目だとご紹介しましたが、この中で全長が4メートルを超す個体は、外見が明らかにイルカでもクジラと称されるのです。

temple of wisdom
No.212

クジラの潮吹きは、実は潮を吹いていない

クジラというと、海面に姿を現し、ものすごい勢いで頭上に向けてブシャーっと潮を吹くイメージがあります。しかし実際には**潮は吹いていない**のです。

クジラやイルカは人間と同じく哺乳類の動物です。となると、呼吸もエラ呼吸ではなく肺呼吸ですね。空気を吸うためには海面に上がる必要がありますが、このときに**前の呼吸で吸った空気を一気に吐き出す**のです。

クジラの体内から高い圧力を加えられて勢いよく吹き出た空気は、外に出ると急激に圧力が下がります。すると、急激に圧力が下がったことで空気中の水分が急激に冷やされ、霧となります。これにより、遠目から見たときに一見すると潮を吹

いているように見えるのです。
ちなみに、このクジラが吐き出す空気のことを、正式には「**噴気**《ふんき》」と呼びます。

temple of wisdom No.213

逆に疲れてしまいそうなイルカの睡眠方法

神秘的な生き物としても知られるイルカですが、その睡眠方法も神秘を通り越して驚愕の方法となっていました。

イルカは人間と同じく哺乳類なので、海の中でも肺呼吸をしています。海中で人間と同じような睡眠をすれば溺れてしまうし、陸地に上がって横になって寝ているわけでもありません。ではどのような睡眠方法をとっているのでしょうか？

まずはイルカがどのようにして海の中で呼吸しているかを学びましょう。

イルカの頭頂部には噴気孔と呼ばれる呼吸器が備わっています。この噴気孔から空気を吸い込み、次の呼吸までは40秒～1分間を完全に海中で過ごします。

つまり、**この周期で頭頂部を海上に出して呼吸しないと、イルカとて窒息してしまう**わけです。

イルカの睡眠時間はおよそ6時間前後。もちろん海中で眠りますので、前述した呼吸を一定時間ごとに行わないと窒息してしまいます。一度の睡眠中に３００～４００回ほど海上に頭頂部を出して呼吸を行わなければいけない計算になります。

これは睡眠中に無意識で呼吸を行っているわけではなく、イルカ自身が意識して呼吸を行っています。果たしてこんな睡眠で眠っていると言えるのでしょうか？　答えはイルカが持つ神秘的な特性にありました。

生物の構造として、右半身は左脳と、左半身は右脳と繋がっています。人間は左右同時に脳を休ませる睡眠をとりますが、イルカは**半球睡眠**という独特の機能を持っています。**これは右目を閉じて左脳を休ませ、左目を閉じて右脳を休ませる行動を交互に取る**という特殊な睡眠です。

これによりイルカは片方を眠らせて脳を休ませ、片方を起こすことで呼吸をする行動をとっているのです。この能力はイルカだけではなく、渡り鳥にも備わっています。長時間の飛行を続けながら脳を休ませることができるので、長距離を移動できるわけです。

しかし、この半球睡眠に人間と同じ睡眠効果があるとはいえ、疲れがとれるようには思えませんね……。

本当はフグには毒はない

temple of wisdom
No.214

素人が調理に手を出してはいけない魚の代表として、フグが真っ先に思い浮かびます。フグには強力な毒があり、それをキレイに取り除く必要があるからです。

青酸カリの850倍ほどの強さを持つといわれ、たったの2ミリグラムを摂取しただけで死に至るといわれるフグ毒**「テトロドトキシン」**は、実は**フグの体内で作られているものではありません**。

フグはハナムシロガイやヒトデを餌としますが、これらの生物は細菌から感染した毒を体内に持っています。**毒を持った餌を食べてしまうことで、フグ自身もその毒に感染する**のですが、不思議なことにフグは体内に毒を濃縮させて貯め込んでおけるのです。

これにより、フグは毒のある生き物とされています。実際のところ、なぜフグだけが毒に感染しても平気でいられるのかは解明されていないようです。

テトロドトキシンは細菌によって感染していくこともあります。例えば生まれたばかりのフグを水槽で飼っていれば、全く無毒のフグを育成することができます。ここにすでに毒に感染したフグを同居させると、あっという間に両方とも毒を持ったフグになってしまうのです。

テトロドトキシンは300度の高温で加熱しても分解されることはないため、やはりプロの料理人が毒をキレイに除去しなければ、おいしいフグにありつくことはできないのです。

temple of wisdom
No.215

マグロやカツオは泳ぐのを止めると死ぬ

マグロやカツオなどの大型の魚は、回遊魚と呼ばれます。読んで字のごとく常に回遊する、同じ所をグルグルと回って泳いでいるわけですが、これらの大型回遊魚は泳ぐのを止めると死んでしまいます。一体なぜなのでしょうか?

大型の回遊魚は死んでしまわないように一生泳ぎ続けるのですが、その理由は、**十分な酸素を取り込むため、そして、沈んでしまわないようにするため**です。

マグロやカツオは他の魚のようにエラから空気を取り入れることができません。そのため常に口を開けながら高速で泳ぎ続けることによって、エラに水分を送り込み、水分に含まれている酸素を取り込んでいるのです。高速で泳ぎ続ける理由は、それだけ多くの酸素が必要であるからなのです。

そして、水の比重よりも重い体を持つ大型回遊魚は、泳がないと体が沈んでいってしまいます。それを防ぐためにも泳ぎ続ける必要があるのです。

一生泳ぎ続けなければいけないとなれば、気になるのは睡眠方法です。彼らは完全に熟睡するといったことはなく、出来る限りゆっくりのスピードで泳ぎながら、半分寝ているような状態で泳ぎ続けるのです。24時間３６５日、無休状態で動ける体が羨ましい限りですね。

temple of wisdom
No.216

魚類で唯一、交尾をするサメの驚きの事実

通常、魚類は産み出された卵にオスが精子をかけて受精させます。体外受精といわれる方法です。しかしサメは魚類の中でも特殊な生態をもった生き物です。

サメは魚類の中で唯一、交尾をする魚類です。サメの交尾はとても特殊で、オスがメスの体内に挿入後、メスの体に噛みつきながら交尾をします。噛みつくだけでは飽きたらず、岩肌などに体を擦り付けるのです。もちろんメスの体はボロボロの傷だらけになってしまいます。

理由には二つの説があり、一つは挿入時に体を固定するため。もう一つは、単純に性的欲求を満たす行為とされています。

なお、サメという漢字は、魚へんに交わると書いて「鮫」と読みますが、これはつまり、魚類の中で唯一交尾をする生き物であることが由来となっています。

もう一つの雑学として驚きなのが、**サメにはオスにもメスにも生殖器が**

二つずつ備わっているという点です。オスのクラスパー（人間でいうペニス）は、腹ビレが発達してできたもので、左右それぞれのヒレに一つずつ付いています。一方のメスも子宮が二つあり、それぞれの子宮で卵を育てることになります。

鮫は５００種類もの種属がいるため、全てに該当するわけではないかも知れませんが、不思議な生態を持つものが多いといいます。気になる方は調べてみてはいかがでしょうか。

出産はオスの役目？　タツノオトシゴの真実

temple of wisdom
No.217

その姿がまさに竜の姿に似ていることから名付けられた「タツノオトシゴ（竜の落とし子）」。馬の姿にも似ていることから海馬《うみうま》という別名もあります。英語でもタツノオトシゴをSea Horse（シーホース）と訳します。

そしてこのタツノオトシゴには、人間ではありえない「オスが出産する」という噂がありますが、本当なのでしょうか？

外見からは分かりづらいですのが、タツノオトシゴはれっきとした魚類に属します。魚類の繁殖方法として、例外を除いてほぼ全ての魚類は産卵によって子孫を繁栄します。

タツノオトシゴも例外なく産卵を行う生物ですが、その方法が他の生物とは違っていたのです。

結論から言うと、他の生命体同様、出産を行うのはメスの役割です。しかし**メスは卵を体外に排卵するのではなく、オスの体内にある育児嚢《いくじのう》の中に出産を行います**。

オスはこの育児嚢の中で稚魚になるまで卵を育て、卵の殻を破った稚魚となった子ども達を体外に排出します。この姿から、タツノオトシゴのオスが出産するという話が広まったのでした。

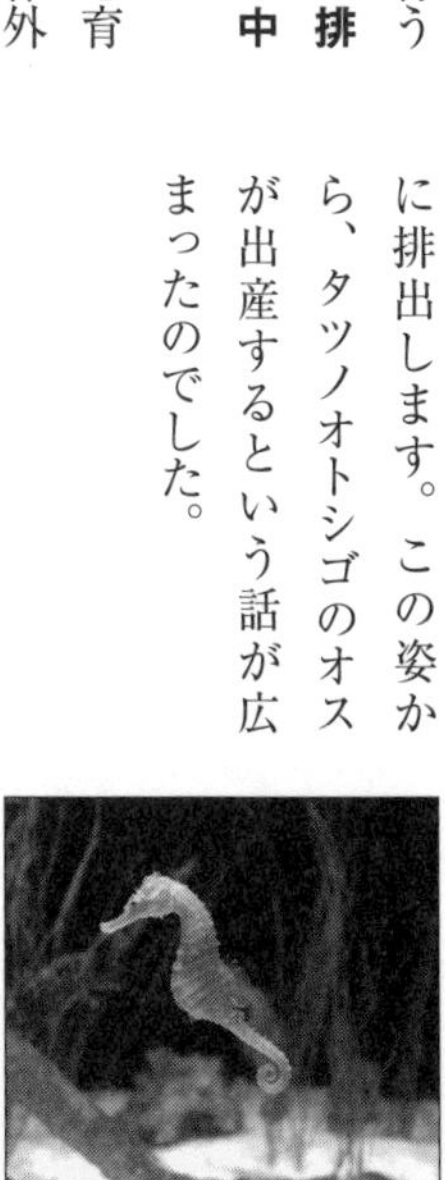

魚はなぜ赤身魚と白身魚で分かれているの？

temple of wisdom
No.218

スーパーの鮮魚コーナーや寿司屋など、日本では生の魚の切り身を目にする機会が多いです。魚は当然のように**赤身魚**と**白身魚**に分かれていますが、なぜ同じ魚類で身の色に違いがあらわれるのでしょうか。

魚の身は人間でいうところの筋肉にあたります。筋肉は速筋、中間筋、遅筋の三つの筋繊維が混ざり合って形作られます。

速筋は瞬発力や爆発的な力を発揮するのに必要な筋肉で、人間でいえば体操選手や短距離走、やり投げ、砲丸投げのような、パワーを主とした行動に活かされます。遅筋は大きな力を出すことはできませんが、代わりに持久力に優れています。

魚の筋肉も、その生態によって必要な筋肉の種類が違うのです。

タイやヒラメなどの白身魚は近海に生息しています。川魚も同様ですが、浅瀬や入り組んだ地形に身を潜める彼らは、素早い身のこなしで外敵からの攻撃を回避しています。長く泳ぎ続けるわけでなく、さらに瞬発力が必要なために**速筋が発達**するのです。

マグロやカツオなどの大型種から、アジなどの小型種まで、赤身魚の特徴は群れをなす回遊魚であるということ。ひたすら泳ぎ続けなければいけない彼らは、**遅筋が非常に発達**しています。

つまり、遅筋が発達したマグロなどは、筋肉を動かし続けているわけですね。この筋肉を動かすためには酸素が必要不可欠です。筋肉の中には**ミオグロビン**という色素タンパク質があり、酸素を筋肉に運んでくれる役割を担っています。

遅筋が発達すればするほどこのミオグロビンの密度が高くなります。すると、**ミオグロビンの色素に含まれる赤色が筋肉にあらわれる**のです。

ちなみに他の動物の身の色が赤いのも、このミオグロビンによるものです。

なぜ魚の卵は種類によって数が違うの？

temple of wisdom
No.219

魚類は一度に複数の卵を産卵する生き物ですが、魚の種類によって産卵数が違います。個体が違うのだから当たり前だと思うかも知れませんが、何でなんだろう? と疑問に感じてみると、違った世界が見えてきます。

生物の中で一度に産卵する数が最も多いのはマンボウで、約3億個もの卵を出産します。これはダントツで産卵数ランキングのトップに君臨しています。タラコでお馴染みのタラも、一度で200万個もの卵を産むというから驚きです。

それに比べ、ウミタナゴという魚はわずか30個の卵しか出産しません。こんなにも差が生じるのには、それぞれの生態が関係しています。

マンボウの卵もタラの卵も**「分離《ぶんり》浮《ふ》性卵《せいらん》」**と呼ばれる性質を持っています。これは字のごとく**「バラバラに浮かぶ性質」**です。また、分離浮性卵の卵を産む魚の多くは、産みっぱなしで卵を孵化させるまでに何かをすることはありません。

するとどういったことが起こるでしょうか。卵が海中でプカプカと浮かんでいるのです。これは外敵が喜ぶ餌にしかなりません。つまり**多くの卵は食べられてしまう**運命にあるのです。そのため、マンボウやタラなどはできる限り多くの卵を産み、子孫が残る可能性を上げているのです。

ウミタナゴは魚類の中でも特殊な出産をします。自身の体の中で卵を出産し、孵化するまで体内で飼育するのです。これを**「卵たい生」**といいます。

稚魚となった状態で外の世界に飛び出るので、生存率がグッと高いのです。そのため、一度の出産もわずか30体でいいというわけです。

マンボウは一度に約3億個もの卵を産むが、親が卵を守るわけではないため多くが外敵に食べられてしまう。

タラバガニはカニではない

temple of wisdom
No.220

タラバガニは日本の周辺海域や、北極海、南米周辺の海域まで世界中で漁獲されるカニですが、実は**生物学上はカニの仲間ではない**のです。

生物学上、一対のハサミになっている足の他に、四対の足（計8本）がないとカニとして分類されません。

タラバガニの英名は「Red King Crab」で、まさにカニの中のカニといった印象を受けます。

しかし、タラバガニは**一対のハサミの足に、三対の足しかないため、ヤドカリの仲間として分類されている**のです。

タラバガニには実はちゃんと四対目の足があるのですが、退化したために甲羅の下に隠れてしまっています。同じ仲間とされるヤドカリもまた、足が退化して貝殻の中に収まっているのです。

とはいえ、生物学上ではヤドカリの仲間であっても、見た目はカニそのものです。カニと呼ばれるのも見た目が理由でしょう。

なお、タラバガニを漢字で表記すると「鱈場蟹」となります。鱈場とは、鱈が漁獲できる海域のこと。同じ海域でカニが水揚げされたことから、「鱈場のカニ＝タラバガニ」と命名されました。

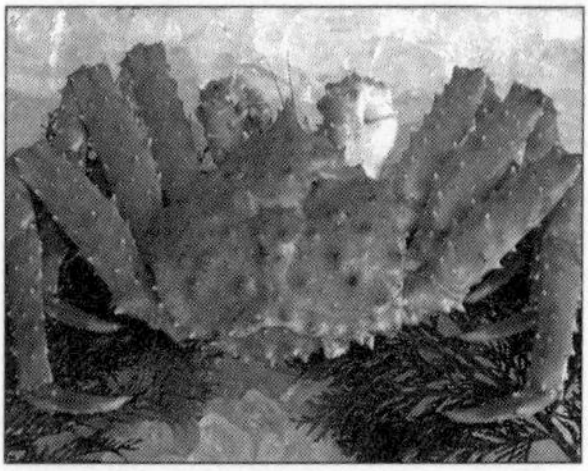

temple of wisdom
No.221

アリの知られざる生態

身近に存在する昆虫の一種に**「アリ」**がいますが、身近ゆえにその生態について表面的にしか知らない方が多いのではないでしょうか。

アリは世界中で1万種以上もの種属に分かれ、**日本国内だけでも280種以上もの種属が存在**します。最小の種属で体長がおよそ1ミリメートルのものから、最大で3センチメートルにも成長する巨大種もいます。

これら全ての種属はハチ目・スズメバチ上科・アリ科に属しており、**ハチの仲間**であるとされています。パッと想像しただけではアリとハチは全く違う昆虫のように思われますが、身体の構造をみるとハチとほぼ同等のつくりをしています。

またアリやハチなどは集団で行動をともにし、女王の元で活動します。このような生態を持つ昆虫は**「社会性昆虫」**と呼ばれます。この場合の社会性とは、人間における縦社会のような構造ではなく、限りなく家族に近い集団を指します。

ハチは空を飛びまわり、尻尾についた針から外敵に対して毒を注入します。日本国内では一部の地域でしか存在しませんが、世界的にみた場合、多くの種類のアリがハネで空を飛びまわり、毒針を持つ種類も多く存在します。それだけではなく、ハチではありえない**「噴射」により毒液を吹きかける種類もいます**。特に亜熱帯地域に生息する強力な毒を有するアリは、スズメバチと同等の毒性を持ちます。集団で襲い掛かってくるため、人間や牛などの死亡例も多数報告されています。

似て非なるもの。ハチと同じ生き物だと想像すると、行列を組んでせっせと餌を運んでいる様子を微笑ましく眺めていることができなくなるかも知れません。

シロアリはゴキブリの仲間？

temple of wisdom
No.222

シロアリといえば建物の木造部分を餌として、家中をズタボロ状態にしてしまう恐るべき害虫という印象です。外見はクロアリを白くしただけに見えますが、実は**アリの仲間ではありません**。

普通の黒いアリはハチ目・スズメバチ上科・アリ科に属したハチの仲間です。一方、シロアリは昆虫綱・ゴキブリ目・シロアリ科に属した昆虫ですので、なんと**ゴキブリの仲間**ということになります。

ゴキブリは非常に雑食であり、ビニール袋や石鹸までをも食べてしまいます。氷河期を乗り越え、三億年も前から存在していたと言われるのも納得の食欲です。シロアリもゴキブリの仲間ですので、食欲に関しては引けをとっていません。木材を餌にするイメージが強いシロアリですが、プラスチックやコンクリート、さらには金属までをも食べてしまうので驚きです。鉄筋コンクリート製の家だからといって安心はできないのです。

このシロアリもまた、ゴキブリと同様に三億年前から存在していたと言われています。

temple of wisdom No.223

ゴキブリの名前は誤植から生まれた

ゴキブリという字を見るだけで身の毛もよだってしまう方も多いかと思います。実際に今、ゴキブリという字を書いているだけで気分が悪くなってしまいそうです。なんでこんな名前にしたのか、もっと可愛らしい語感にすれば幾分かましな気もしますが……ということで、ゴキブリの名前の語源をご紹介します。

嫌われ者な生き物で殿堂入りを果たしていると言っても過言ではないゴキブリ。江戸の時代ではゴキブリの「ゴキ」とは**「御器」**、つまり**「食器」**のことを指していました。

食器にまとわり付いてかぶり付いているかのようなその様子から、当時は**「御器かぶり」**と呼ばれていました。語感からはどこか可愛らしさすら感じられます。それが明治に出版された『生物学語集』に**「ゴキカブリ」**が**「ゴキブリ」**と誤植さ

れてしまったのです。たった一文字が抜けただけで、あの破壊力バッグンのゴキブリという名称が定着してしまったのです。

temple of wisdom

No.224

昆虫は予知能力から天候の変化を知る

生物界には人間の知りえない特異な体質や能力を備えた種が多く存在します。それらの力は未だ解明されていない面もあり、まさに超能力と呼べるでしょう。

「虫の知らせ」とはよく言ったもので、昆虫の中には様々な能力を駆使して、これから先の天候を知ることができる種が存在します。そんな昆虫のいつくかをご紹介しましょう。

カマキリ……秋も終わりに近づくと、カマキリのメスは産卵のために動き出します。卵は地上から50~250センチメートル程の高さにある草や木の枝などに産み付けられます。

この高さには意味があり、冬になると雪が降り積もってしまいます。カマキリは**今年の雪がどれくらいまで降り積もるのかを予知し、卵が雪で埋もれないギリギリの高さに卵を産み付ける**と言われています。

セミ……セミの中でもハルゼミと呼ばれる種のセミは、**雨の日には鳴くことがありません**。まだ雨が降っているのにハルゼミの鳴き声が聞こえたら、その後しばらくすると天気は晴天に変わります。これは明るさや気温の変化を感じ取り、天候の変化を察知していると言われます。

アリ……アリが巣の出入り口である穴をふさいでいるときは、まもなく大雨が降ることになります。アリの触角や体毛には「感覚子」が備わっており、**味や音や気温など様々な情報を感じとることができます**。この機能を使い、空気中の湿度が下がる、つまり低気圧が起こり始めている事を察知することができると言われます。

巣の中が大洪水になってしまわぬよう、大急ぎで穴に蓋をするのです。

昆虫界で唯一180度後ろを振り向けるムシ

temple of wisdom
No.225

星の数ほど数多の種属がひしめく昆虫界ですが、この中でも身体を正面に向けたまま顔だけを180度後ろに振り向くことが出来る種属は1種類しかいません。

その種属は、何かと特殊な生態を持っている**「カマキリ」**です。他の昆虫が後ろを振り向くためには、体ごと振り返る必要がありますが、カマキリだけが顔だけを真後ろに振り返らせることができるのです。

temple of wisdom
No.226

ハエが前足を擦るまさかの理由

ピタッと壁に止まったかと思えば、せっせと前足を擦《こす》り合わせているハエ。この擦り合わせる行動には一体どんな意味があるのでしょうか？

ハエにとって、足は非常に大切な器官の一つです。壁や天井など、ツルツルの場所にもピタッと止まることができるのは、前足から分泌される液体のおかげです。

お風呂の天井などの水滴を想像してみましょう。あの水滴と同様に、水分の張力によってハエの軽い体は支えられ、張り付いていられるのです。

ハエが前足を擦るのは、この機能を正常に保つための**メンテナンス作業**でもあるのです。

しかし、ハエの足にはさらなる驚きの機能があります。

なんとハエは**足から味覚を感じることができる**のです。もちろん口にも味覚の機能はありますが、足の先にも味覚を感じることのできる器官が備わっているのです。

ちなみに、ハエという言葉は「羽ふるう」から由来します。ハネフルウ→ハウル→ハエル→ハエとなったそうです。漢字では「蝿」と書きますが、この由来は前足を擦り合わせる仕草が、縄をなっているように見えることから「縄」の左側に虫へんを付けて「蝿」とされています。

蜘蛛だって空を飛ぶことができる

temple of wisdom
No.227

蜘蛛《くも》は羽を持たない生き物ですが、空を飛んで移動できることを知っていますか？

親蜘蛛が卵を産卵する際に、卵を糸に包んで温かい巣のようなものを作ります。この中で卵から孵化《ふか》した子蜘蛛は、一度脱皮をして一回り大きくなってから卵の中から出てきます。一度に数百という子蜘蛛が卵から外の世界に旅立ちますが、このときに**子蜘蛛は空を飛んで移動する**のです。

子蜘蛛は卵から出てくると、空に向かって糸を吐き出します。すると糸は風に吹かれて子蜘蛛は天高く舞い上がり、いずれ糸は切れるもののそのまま風に身を任せて空の旅をするのです。**タンポポの綿毛などと同じ原理**と言えるでしょう。この行為を**「バルーニング」**と呼びます。バルーニングで空を旅した蜘蛛は、着地地点で巣を張り生活を開始します。時には思いもよらぬ長距離移動をしてしまう子蜘蛛もおり、飛行機に引っかかっていたり、海上で船に引っかかったりする子もいるようです。

なお、巣を張る際には、支柱となる糸が四方八方に張り巡らされています。この際にも子蜘蛛は勢いよく糸を吹き出して自分の体を移動させ、遠くにある場所にも糸を巻き付けるのです。こうして完成した巣で生活を始め、また子蜘蛛を出産してバルーニングによって違う地に巣立っていく。そうやって蜘蛛は子孫を残していくのです。

ホタルのお尻はなぜ光る？

temple of wisdom
No.228

日本ではゲンジボタルやヘイケボタルが有名ですが、実は国内には40種類ものホタルが存在します。世界に目を向けてみると、その数はなんと2000種類。

夏の夜の風物詩として癒やしを与えてくれるきらびやかな光は、一体どうやって光らせているのでしょうか。また、目的はなんなのでしょうか。

ホタルのお尻の発光は、**ルシフェリンと呼ばれる発光物質と、ルシフェラーゼという酵素の化学反応**によって起こります。ホタルの光は**「冷光」**と呼ばれ、**ほとんど熱をもちません**。電球など、エネルギーによる発光は通常、熱を伴いますので、つまりはエネルギーによる発光ではないのです。これは非常に珍しい生態といえます。

前述したとおり、ホタルには2000もの種類が存在するため、その生態も様々です。日本のホタルは成虫になったホタ

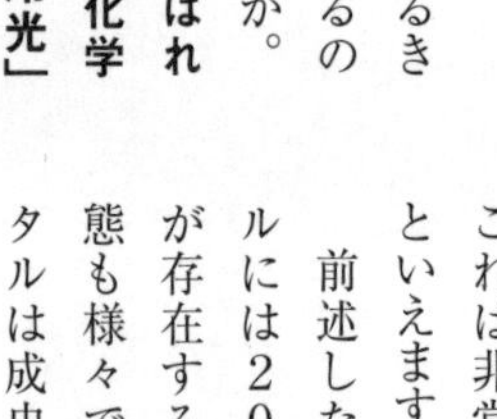

ルのお尻が光るのが一般的ですが、種類によっては幼虫時にお尻が光り、成虫時には光らないといった種属もいます。また、生まれてから死ぬまで一度も光ることのない種属も存在します。

お尻を光らせる目的も種属によって様々で、求愛のためのサインであったり、外敵に対して「毒を持っているから危険だよ」と知らせる役割であったり、他種のホタルを呼び寄せて捕食してしまう種属もいるようですが、その最たる目的は未だベールに包まれているのです。

カメムシは自分の臭いで窒息死する

temple of wisdom
No.229

外敵からの防御反応として強烈な臭いを放つカメムシ。あまりにも強烈な臭いで外敵を退けていますが、実はこの行為は命懸けといっても過言ではありませんでした。

カメムシを密閉されたビンなどに閉じ込め、臭いを出させるためにビンを振ってみましょう。カメムシはいつもの通り防御反応として臭いを放ちます。しかし、密閉されたビンで逃げ場のない状況の中、**カメムシ自身ですらその臭いのせいで失神、最悪の場合は死に至ってしまうのです。**

自分を守るはずの臭いに耐性がないのは意外な気もしますが、これほどに強烈な臭いであるのは、外敵から身を守るだけではなく、**周囲にいる仲間たちにも危険を知らせる**ため、広範囲に臭いを広める必要があるからなのです。

temple of wisdom
No.230

カタツムリはどのタイミングで殻をかぶるのか

カタツムリから殻をとるとナメクジになる、と思う方もいるかもしれませんが、カタツムリとナメクジは全く別の生き物です。

カタツムリは虫のイメージが強いですが、実は陸に生息する**巻き貝の一種**なのです。貝を背負う生物といえば、代表的なものが「ヤドカリ」でしょう。ヤドカリは成長に合わせて住処である貝を引っ越しします。カタツムリはというと、生涯引っ越しをすることはありません。というのも、カタツムリの殻の中には血も通っていれば臓器も収納されており、**体の一部**であるからです。

ヤドカリは当然、貝を背負って生まれてくるわけではありません。しかしカタツムリの場合は**生まれた瞬間から小さな殻を背負っています**。

この殻の正体は体からしみ出した石灰分によるもので、成長とともに大きくなっていきます。ホタテやアサリなどの貝類と同じと考えたほうがしっくりきます。貝の中身を貝から剥がしてしまうと死んでしまうように、**カタツムリも無理矢理に殻から剥がしてしまうと死んでしまう場合があ**

るのです。
　ちなみに冒頭でカタツムリとナメクジは別の生き物といいましたが、実はナメクジは元々は殻を持っており、その殻が退化してなくなってしまった種属なので、ナメクジも陸に生息する巻き貝の仲間なのです。

temple of wisdom No.231

渡り鳥はこんなにもすごかった!

　季節の変わり目になると渡り鳥はキレイなV字編成で上空を飛行していきます。渡り鳥の多くは中型~大型の鳥で、空気の抵抗を多く受けてしまうため、少しでもエネルギーを節約するために、空気抵抗の最も少ないV字編成で飛行しているのだとか。この他にも渡り鳥には優れた能力があります。
　渡り鳥の種類によって異なりますが、最も移動距離が長いとされる種属は小型の鳥のキョクアジサシで、グリーンランドと南極の間を往復することが確認されており、その距離はなんと**8万キロメートル**とされています。
　次に連続最長飛行の記録を持つのがオオソリハシシギという鳥。この鳥は休むことなく1万1000キロメートルの距離を飛行し、太平洋を横断します。

第1章 身の回りの雑学
第2章 乗り物の雑学
第3章 食べ物の雑学
第4章 言葉の雑学
第5章 生き物の雑学
第6章 スポーツ・文化の雑学
第7章 人体の雑学

渡り鳥がこんなにも長距離を移動できるのは、前述したV字編成のおかげもさることながら、**完全な睡眠を取る必要がない**ところにあります。渡り鳥は生物では非常に希少な半球睡眠ができる生物なのです。半球睡眠とは、片方の目をつぶることによって片方の脳を休ませ、それを交互に行うことで睡眠をとるという行動です。

このおかげで渡り鳥は不眠不休で長距離の飛行を可能にしているのです。

temple of wisdom
No.232

コウノトリは赤ちゃんを運んでこない!?

赤ん坊を授かるときに例え話としてよくされるのが「コウノトリさんが赤ちゃんを運んできてくれるんだよ」といったもの。しかし正確には**赤ちゃんを運んでくれるのはコウノトリではない可能性がある**のです。

ドイツのとある村で、子どもができずに悩んでいる夫婦がいました。この夫婦の家の煙突の中に、ある日鳥の巣ができました。巣の中に卵を見つけた夫婦は、煙突から煤《すす》が出ないよう、暖炉を使うのを控えたのです。するとヒナが孵《かえ》った数日後、夫

コウノトリの仲間シュバシコウ

婦も子どもを授かることができたのです。

このときに巣を作っていたのがコウノトリ……ではなく**シュバシコウ**という鳥でした。シュバシコウもコウノトリ科ではあるのですが、コウノトリではありません。**シュバシコウは赤いクチバシを持っていますが、コウノトリのクチバシは黒**です。

しかしそれ以外はコウノトリとそっくりなシュバシコウは、西洋から日本にこの話が伝わった際に勘違いされてしまったというわけなのです。

ハゲワシはなぜハゲているのか

temple of wisdom
No.233

タカ科の亜種であるハゲワシ科に属する鳥類は、獰猛な肉食で頭皮の毛がないことが特徴です。似たような生物であるコンドルもタカ科に属するコンドル科の鳥類です。

人間とは違って遺伝や生活環境から毛髪が抜けているのではなく、**つらく厳しい自然界で生き延びるための生物の進化によってこのような姿になりました**。

これらの鳥類は自分で狩りをするわけではなく、**上位に立つ生物の狩った獲物の肉を食します**。例えばチーターやハイエナなどが捕食を行った後、腐食が進んだ死骸の肉をむさぼり食います。

こういった食性を腐肉食といい、英語では**スカベンジャー**といいます。この単語を聞いたことがある方は多いのではないでしょうか。

ハゲワシは腐食の進んだ死骸に頭を突っ込んで肉を食べますが、新鮮な状態ではないために腐食した体内から病気などをもらいやすいのです。この際に頭皮に毛がある状態では菌が繁殖しやすいのですが、毛髪が抜けている状態で太陽からの光や紫外線を直に浴びることにより、**殺菌している**というわけです。

temple of wisdom
No.234

ホトトギスとウグイスの奇妙な関係

「泣かぬなら……」の句でお馴染みの**ホトトギス**と、日本三鳴鳥に数えられる**ウグイス**。ホトトギスはスズメの仲間で、ウグイスはカッコウの仲間です。それぞれ全く違う種類の鳥ですが、実は奇妙な関係で結ばれているのです。

ウグイスの「ホー……ホケキョ」という鳴き声は、一般に広く知れ渡っています。その鳴き声はオオルリ、コマドリと並び、非常に美しいとされています。

一方、名前は有名なホトトギスですが、この鳴き声を知っている人はあまり見かけないのではないでしょうか。ホトトギスは「キョッキョッ…

キョキョキョ」と鳴くのですが、あまり聞き覚えはないかと思います。

さて、ではこの2種類の鳥にはどのような繋がりがあるのでしょうか？

ホトトギスには**托卵**《たくらん》という特殊な生態があります。托卵とは、他の生物に子を育てさせる一種の寄生のようなもの。**ホトトギスはウグイスの巣に子どもを産み、ウグイスに托卵させる**鳥類です。

同種属、例えばホトトギスのAが他のホトトギスBに対して子どもを育てさせる種内托卵ではなく、全く別の種類にたいして托卵を行う種間托卵は、全ての生物を対象にしても珍しいことです。

つまり、ホトトギスの子はウグイスが育ての親ということです。

恐竜の肌の色は適当に決めている

temple of wisdom
No.235

6500万年前までこの地球上を支配していた恐竜。その種属の数はおよそ600種類とも言われていますが、未だに正確な数は把握しきれていません。

今では博物館や図鑑などで色鮮やかな恐竜の絵を見ることができますが、実は**恐竜の色は想像でつけられているんです。**

人間を含めた生物の肌や毛の色を決めるのは、

メラニンと呼ばれる色素です。

メラニンにはユーメラニンとフェオメラニンの2種類があり、その割合によって色の濃さなどが決まってきます。

しかし**古代の恐竜の情報は化石となった骨。ここからメラニン色素を分析することはできません。**

どのくらいの大きさなのか、その生態はどういったものなのかの分析はできるため、その当時の恐竜と似たような生態を持つ現代の生き物を比べ、だいたい同じような肌の色で恐竜を着色しているに過ぎないのです。

ですので、図鑑の種類によっては同じ恐竜でも肌の色が違って描かれているものも沢山あるのです。

しかし、２０１０年1月28日、この恐竜の色に関してビッグニュースが発表されました。長年恐竜の色について研究してきた中国とイギリスの研究チームが、**シノサウロプテリクスの色を特定した**のです。

このシノサウロプテリクスという恐竜は、小型の羽毛《うもう》恐《きょう》竜《りゅう》と呼ばれる種属で、現在の鳥類に近いとされています。このシノサウロプテリクスの羽毛の化石からメラニン色素が発見され、暖色系の色合いだったことが判明しました。

長い長い歴史の中、**恐竜の色が判明しているのは現在この1種のみ**なのです。

ティラノサウルスの再現図。かなりリアルに再現されているが、着色は適当である。

第6章 スポーツ・文化の雑学

オリンピックの金メダルは金にあらず

temple of wisdom
No.236

スポーツ、コンクールなどの様々な競争だけでなく、学術や芸術の功績を称えるためにも贈られるメダル。軍人に対して表彰をする際に使われたのが起源といわれています。

　現代で最も印象に残るメダルと言えば、やはり4年に一度開催される**オリンピックのメダル**でしょう。しかしこのメダルには意外な事実がありました。

　オリンピック規定において、金メダルとは、純度92・5％以上の銀製メダルの表面に、6グラム以上の金メッキを施したもの、とあります。

　つまり、**金メダルは純金ではなく、銀メダルに金メッキを加工したメダル**ということです。規定の最低基準でできている場合、ほぼ銀メダルに薄い金メッキが加工されているだけ。優勝者はパフォーマンスとしてメダルを噛むことがありますが、これを繰り返していると、すぐに銀色が出てきてしまうことでしょう。

　もちろん、この規定の目的は安上がりで済ませたり、表面上だけ金色にしておけばいいという安易な趣旨ではなく、**開催国が経済力の乏しい国であったとしても、平等に金メダルを生産する**

インスブルックオリンピックの金メダル（©Copyright Images are generated by Christophe95 and licensed for reuse under this Creative Commons Licence）

ことができるようにするための配慮なのです。

古代オリンピックの競技は１種目だけだった？

temple of wisdom
No.237

紀元前にギリシャで行われていた古代オリンピック。現代のオリンピックと同様に４年に一度開催されており、紀元前９世紀から紀元後４世紀にかけて２９３回もの大会の歴史があります。

今では考えられませんが、実は**初期の古代オリンピックではたった１種目の競技しか行われていなかった**のです。

第１回大会から第13回大会までの52年間もの間、争われる競技はたったの１種目だけでした。その種目は**「スタディオン走」**と呼ばれるもので、**１スタディオン＝約１９１・27メートルの距離を走る短距離走の種目**なのです。

競技に出場できるのは成人の男性に限られていました。そして競技は一糸まとわぬ裸で争われたのです。スタートの際にフライングしてしまうとペナルティとなりますが、現代のルールのように２回目で失格となるのではなく、フライングした場合はムチで叩かれるという肉体的なペナルティを課せられるのです。

競技場を意味する「スタジアム」の語源は、このスタディオンという単語です。スタディオン走が行われるスタジアムは、直線で約200メートルの距離が走れるトラックが用意されたこじんまりとしたものでした。

ちなみに、スタディオン走で優勝したものには、そのオリンピックの開催名に冠として自身の名前が付けられることになります。つまり第5回大会で「ガクシャ」が優勝した場合、第5回ガクシャ・オリンピック大会という具合に後世に語り継がれるのです。

アトランタ五輪で悲劇となった平和の象徴

temple of wisdom
No.238

平和の象徴とされる白いハト。過去にはオリンピックの開会式でもハトを飛ばす演出が行われていましたが、**アトランタ五輪を最後にこの演出は行われなくなりました。**

その理由はオリンピックの平和なイメージとは異なるものでした。

1996年にアメリカのアトランタで開催された第26回夏季オリンピック。通例のことながら聖火ランナーによる聖火点灯のオープニングセレモニーが滞りなく進行していきました。

その時です、**なんと聖火点灯の際に聖火台に止まっていたハトが焼死してしまった**のです。このことが動物愛護団体からバッシングの的となり、以後ハトを使った演出は行われなくなったのです。

temple of wisdom No.239

オリンピックには芸術種目の競技があった

２０２０年は4年に一度のオリンピックイヤーです。夏季オリンピックとして32回目の大会は、日本の首都・東京で開催されます。長い歴史のあるオリンピックですが、**過去には芸術作品で競い合う競技があった**ことはご存知でしょうか？

初めて芸術種目が採用されたのは１９１２年のストックホルムで行われた第5回大会のときでした。それから60年後の第14回ロンドン大会まで続きました。

芸術種目をオリンピックに実施しようと提唱したのは、国際オリンピック委員会第二代会長であり、近代オリンピックの創始者でもあるピエール・ド・クーベルタン男爵です。

第5回大会から実施された種目は**「建築」「彫刻」「絵画」「音楽」「文学」**の五部門。

そして参加資格が限られており、参加者自身がスポーツに関係を持っている必要があり、応募する作品もスポーツから着想を得た作品に限られていました。

メダルが誰の手にわたったのか気になるところですが、第五回大会の文学部門では、芸術種目を実施した張本人であるクーベルタン男爵が『スポーツ賛歌』というエッセーで金メダルを獲得しました。何かとても裏を感じてしまうのは私だけでしょうか。

ちなみに、日本人では第11回大会の絵画部門で、藤田隆治と鈴木朱雀が銅メダルを獲得しています。

残念ながら芸術競技は廃止になってしまいましたが、現在ではオリンピックを開催する都市では必ず、オリンピックに関連した美術展を開催することが義務づけられています。

なぜオリンピックのことを「五輪」というの？

temple of wisdom

No.240

オリンピックの五色の輪のデザインは、地球上の五大陸を表しています。古代ギリシャの遺跡に描かれていたデザインをモチーフに、オリンピックの創始者であるクーベルタン男爵が考案し、第7回大会から使われてきました。

では日本で「五輪」と漢字をあてるようになったのはなぜなのでしょう？

この言葉を生み出したのはスポーツ評論家の川《かわ》本信正《もとのぶまさ》です。彼は読売新聞の記者時代に、「オリンピックという名称は長い」という理由から、**五つの輪のマーク、そして**

宮本武蔵の『五輪の書』をかけて「五輪」という言葉を作り出したのです。

この言葉が作られたのが1936年ごろと言われていますので、第11回大会のオリンピックでは既に「五輪」という言葉が使われていたと推測できます。

リレーの最終走者をアンカーと呼ぶ理由

temple of wisdom
No.241

運動会からオリンピックまで、リレー競争は花形種目といえるでしょう。リレーは数人の選手がバトンを繋いで走る競技ですが、最後の走者だけ「アンカー」と呼ぶのはなぜなのでしょうか？

アンカー（anchor）は、日本語で「錨《いかり》」を意味します。錨は船が停泊する際に下ろす重りのことですが、実は、アンカーという呼び名は、オリンピックの正式種目としても採用された過去がある**「綱引き」の用語からきています**。

綱引きでは最後の選手が重要とされ、屈強な体格の選手が最後尾を務めていました。つまり体重が重くて力持ち、まさに船の錨のようなものでした。このことから最後尾の選手はアンカーと呼ばれるようになり、それがリレー種目の最終走者にも使われるようになったのです。

フルマラソンの距離が42・195kmの理由

temple of wisdom
No.242

　フルマラソンの距離が現在の42・195キロメートルに正式に決まったのは、第8回のオリンピックのことです。それまでは概ね40キロメートルとされていました。ではなぜ195メートルの距離が加算されたのでしょうか？

　近代オリンピックが開催された初期の頃には正確な距離の規定はなく、第1回大会では36・75キロメートル、第2回大会では40・2キロメートルとおよそ4キロメートルもの差があったのです。

　しかし、これではレースの記録がはっきりと比較できません。そこで第4回大会の距離である42・195キロメートルを正式な距離として、第8回大会以降はレースが行われています。

　ではなぜ第4回大会のときは、こんな中途半端な距離になってしまったのでしょうか？

　これには諸説ありますが、有力な説として、当時の女王の**「自分の部屋の窓からスタートが見たい」**というワガママな発言により、予定していた26マイル（42キロメートル）に、自室までの距離385ヤード（195メートル）を足した結果と言われています。

　なぜ、そんな中途半端な距離を、今後正式に採用していこうとなったのかは、明らかではありません。

　ちなみに、距離の測り方ですが、現在では3台の自転車によって42・195キロメートルを実際に走行し、正確な距離を測定しています。誤差についてのルールも明確に決められており、42・195キロメートルよりも短い距離であれば、例外なく記録は無効となります。逆に42・195キロメートルよりも長い場合は誤差0・1%まで、つまり42・195メートルまでの誤差が許されているのです。

ランニングマシンは拷問器具として開発された

temple of wisdom
No.243

スポーツジムから自宅まで、室内で手軽に有酸素運動を行えるとして人気の**ランニングマシン**。ルームランナーとも呼ばれるこの器具は、**実は拷問器具として発明されたもの**なのです。

ランニングマシンは正式には「トレッドミル」と呼ばれています。トレッドミルは、1817年にイギリスの刑務所の囚人を更生させるために導入されました。当時のトレッドミルは横に長い筒状のもので、段差がついており、延々と回転するものでした。当時は「踏み車」と呼ばれていたことから、現在もトレッドミルは日本語で「踏み車」と訳します。

一列に並べられた囚人たちは、一日6時間もの間、踏み車を歩き続けたのです。その距離はなんと最大で4200キロメートルと言われていますので、尋常ではない距離であることが分かります。まさに拷問器具だったのです。

踏み車を回転させるたびに水のポンプを動かしたり、穀物をすり潰したりする器械の動力となりました。更生と製造の一石二鳥の器具として、1898年に廃止が決定されるまで、世界中の刑務所で採用されていきました。

現在では健康のための器具として使われていますが、運動嫌いな人にしてみれば、拷問であることには違いないのでしょう。

相撲は日本の国技ではない

temple of wisdom
No.244

日本を代表するスポーツと言えばなんと言っても相撲でしょう。本場所が開催される施設も「国技館」という名称から、相撲が日本の国技であるという認識が強いです。しかし実は相撲は日本の国技ではありません。

国技とは、国家機関が正式に国を代表するスポーツであると定めているスポーツ（競技）を指します。世界各国それぞれに印象強いスポーツというものがあります。ブラジルならサッカー、アメリカなら野球やバスケットボール、そして日本は相撲です。しかし例に挙げたこれらのスポーツはいずれも国技ではありません。**法律で国技を定**

めている国は、12カ国しかないのです。

では、相撲はなぜ国技と勘違いされるのでしょうか？ 法律的に認定はされていないものの、相撲が日本を象徴する代表的なスポーツであることは間違いありません。いわゆる「国民的スポーツ」というものです。認知度が高く、広く普及しているために、国技と勘違いされているのです。

temple of wisdom
No.245

相撲の「はっけよい」ってどういう意味？

相撲といえば行司による「はっけよい、はっけよい、残った、残った」の掛け声が試合を盛り上げてくれますが、一体「はっけよい」とはどういう意味なのでしょうか？

「はっけよい」は「発気揚々《はっきようよう》」が詰まってできた言葉とされています。発気揚々とは「気合を入れろ」や「全力で行け」などの意味があり、力士を奮い立たせるために行司が発しているのです。「残った、残った」はそのままの意味で、まだ土俵に残っている、決着はついていないことを表しています。

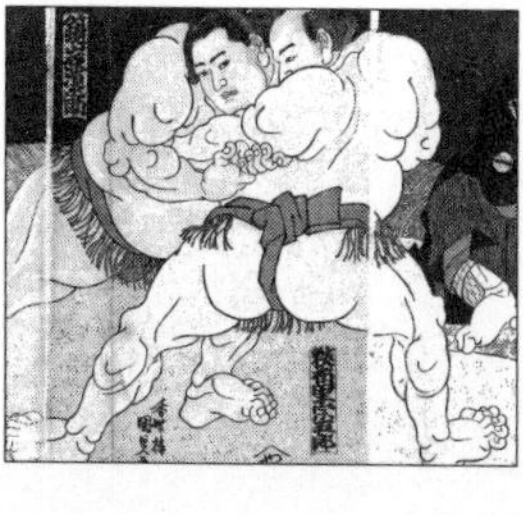

「はっけよーい……残った！」といって相撲を取り始める様子がたびたび見られますが、これはもとの意味からすると完全な間違い。「はっけよい」は取り組み開始の合図ではありません。**そもそも相撲には開始の合図などない**のです。相撲の取り組みは、両者の拳が両方とも地面に付いた時点で開始されるのです。

余談ですが、行司は軍配（勝敗）を間違えたとき、切腹することでその責任を取るといわれ、実際に小刀を腰にさして軍配を振ります。しかし実際には間違えて切腹した行司はおらず、あくまでも「切腹を覚悟して土俵にあがる」という意思の表れなのです。

始球式で空振りをする理由

temple of wisdom
No.246

日本のプロ野球では、試合開始前に話題の人物などがマウンドに立って始球式が行われます。一体いつから行われているのでしょうか？

初めての始球式の投手役は、早稲田大学の創設者である大隈重信とされています。１９０８年に行われた早稲田大学野球部と大リーグ選抜チームとの試合開始前に、行われました。

ちなみに野球の本場である大リーグでは、その2年後の１９１０年に行われた始球式がはじまりとされています。

さて、始球式で空振りをするようになった理由についてですが、ここでも大隈が関係してきます。日本で初めての始球式の投手は大隈重信と述べましたが、バッターはもちろん早稲田大学の学生でした。大隈重信の投げた球は大きくキャッチャーからそれてしまいましたが、**こんな偉大な人物の投げた球をボール球にするわけにはいかない**という敬意を込めて、バッターはわざと空振りをしてストライクにしました。これが始球式で空振りをするルーツです。

ちなみに大リーグの始球式では、日本と違ってバッターボックスに打者が立つことはないため、空振りをする慣習もありません。

早稲田大学の創設者で初の始球式の投手を務めたと考えられる大隈重信

野球のイニング数が9回までの理由

temple of wisdom
No.247

現在の野球のルールでは9回裏（もしくは9回表）までのプレイが正式なルールですが、**1800年代半ばまではイニングの回数制ではなく、先に21点を取ったチームが勝ち**といった得点

ユニフォームの縦じま・横じまの秘密

temple of wisdom
No.248

制でした。ではなぜ、イニングの回数制に移行することになったのでしょうか?

昔の野球は現在のような真剣勝負のスポーツではなく、**午後のパーティまでの間に行う上流階級の遊びのようなもの**でした。この際、数々の料理で参加者をもてなしたのですが、**21点先取制というルールでは、終了の時間が読めないためにコックたちの不満が膨らみました**。これが理由で、現在のルールである回数制へと移行したようです。

そして、回数制への移行をきっかけとして、野球のルールを完全に見直すことになったのですが、この際に使われた数字が**3の倍数**です。イニング数の9回という数字だけでなく、3ストライクで1アウト、3アウトで攻守交代、プレイヤー数は9人など、様々なシーンで3の倍数が登場します。フォアボールだけは4ですが、これは最初のルール改正時にはなかったルールで、後になって追加されたルールだったために3の倍数の共通点が適用されませんでした。

ちなみに3の倍数は野球だけでなく、サッカーやバスケットボールなど、メジャーなスポーツでは大抵3の倍数で統一されている感があります。この方がゲームが楽しくなるといった魔法の数字なのかもしれません。

スポーツのユニフォームの中で野球とラグビーにはしま模様が多いように感じませんか？　これにはしっかりとした理由があるのです。

ユニフォームの色は他のチームと差別化するために、唯一無二のデザインである必要があります。そこで、単色だけではなく、様々な色の配色によってバリエーションを増やしていますが、二色でユニフォームを作ろうとすると、パターンが少ない分、どうしてもしま模様が多くなってしまうのです。

また、競技によって、しま模様の向きにも決まりがあったり、工夫がされたりします。

野球の場合は縦じまのユニフォームばかりですが、**もしこれが横じまだった場合、打者が打席に立った際に投手からはストライクゾーンがしま模様の位置で分かりやすくなってしまいます。**これでは横じまを着ているだけ不利になるという理由で、縦じまのユニフォームになっているのです。

ではラグビーのユニフォームに横じまが多いのはなぜでしょうか？　横じまの服を着ると太っているように感じられます。ラグビーのように、対戦相手に威圧感を与える必要のある競技では、**わざと横じまのユニフォームを着て、体を大きく見せている**というわけです。

ラグビーでは体を大きく見せるために横じま、野球では投手がストライクゾーンの目安にしないようにするために縦じまが使われる。

サッカーのハットトリックの語源

temple of wisdom
No.249

サッカーで同じ選手が一試合中に3点のゴールを決めることを**「ハットトリック」**といいます。どのような意味があるのでしょうか?

この疑問に対して、なんと日本サッカー協会であるＪＦＡ公式サイトにて情報が載っていました。

語源は諸説ありますが、**イギリス発祥のクリケットに由来**しているといわれています。クリケットは野球の元になったスポーツで、投手（ボーラー）はウィケットという柱と横木に向かってボールを当て、それに対して打者（バットマン）はそれを守るためにボールを打ち返します。ウィケットの横木を落とせば打者はアウトになります。**３人の打者を連続でアウトにするのは、野球以上に難しい**といわれています。この偉業を成し遂げた選手には高級な帽子が贈られ、大変名誉なこととされました。

これがサッカーでも使われるようになり、1試合で3得点した場合をハットトリックというようになりました。このほか、選手の功績を称えて観客が帽子を投げ入れたからとも言われ、これが「ハットトリック」の語源になったともいわれています。

つまりハットトリックのハットとは、読んで字のごとく**帽子そのもの**を表していたんですね。

サッカー選手が子どもと入場するのはなぜ？

temple of wisdom
No.250

Jリーグから国際試合、果てはワールドカップに至るまで、サッカーの試合の選手入場の際には必ずと言っていいほど、選手たちが子どもたちと手を繋いで入場します。野球やテニスにはない独特の慣習ですが、これには一体どのような意味があるのでしょうか？

この子どもたちは**「エスコートキッズ」**と呼ばれ、日本ではJリーグの発足時代から行われています。この子どもたちの選出は各クラブチームに任されており、特に規定はありません。

幼稚園から中学生まで幅広い年齢層から選ばれます。クラブチームに属していたり、試合が開催される地元のサッカーチームの子ども達であったりする場合が多いようですが、ファンクラブの会員や、スポンサーの公募によって選ばれることもあります。

面白いものでは、スポンサーであったマクドナルドが作文を審査してエスコートキッズを決定した前例があります。

さて、エスコートキッズの主な目的は、**子どもたちの前で恥ずべき行為をせずに、フェアプレーをすることを誓うこと**です。

また、未来のサッカー選手になるかもしれない子どもたちへ夢と希望を与えることや、サッカーの振興といったメッセージもエスコートキッズとの入場には込められているのです。

temple of wisdom No.251

バスケットボールの背番号の謎

背番号はスポーツ選手において、特にチームスポーツでは重要な意味があったりします。

背番号の取り決めは各スポーツによって様々ですが、**バスケットボールの場合は１～３番の背番号がない場合が多く、４番から連番になっていることが多い**のですが、何か理由はあるのでしょうか？

バスケットボールリーグの最高峰といえるアメリカのＮＢＡでは、０または00～99番の背番号が使用可能です。

しかし国際大会などにおいての取り決めは４～15番までと非常に少ない上、１～３番は使用不可になっています。

その理由はバスケットボールのルールに深く関係していました。

バスケットボールでは、ゴールによる加点が１～３点。反則のルールとして、トラベリング（ボールを持ったまま３歩以内でボールを離さなければならない）、３秒ルール（攻撃時に制限区域内に３秒以上とどまってはいけない）など、この他にも1〜3の数字に関するルールが沢山含まれています。

審判が判定するたびにルールの方なのか、選手の方なのかの混乱を避けるため、1〜3番の背番号を使用してはいけないこととなっているのです。

ただ、先ほども説明しましたが、これはあくまでもオリンピックや世界大会などの国際大会のときにのみ適用されるルールであり、NBAをはじめとする各国の国内リーグのルールでは、特に背番号のルールを厳しく取り決めているわけではありません。

テニスの一球目をサービスと呼ぶ理由

temple of wisdom
No.252

卓球やバレーボールなど、ラリーをする球技全般で、**最初の1打目をサービスやサーブ**と呼びます。

これらは全てテニスのサーブが由来なのですが、そもそもテニスでこの用語が生まれた理由とは何なのでしょうか？

テニスの起源は13世紀のフランス貴族によって考案された「ジュ・ド・ポーム」といわれています。現在のようなテニスそのものではなく、2人ペアになってどれだけ長くラリーを続けられるかを楽しむゲームでした。

この際、**貴族に向かって召使いが最初の一球**

目を打ちやすい位置に投げていました。これが、サービスボールの始まりです。

サービスは英語でServiceと書き、「奉仕、給仕」という意味の名詞。

もう一方のサーブはServeと書き、「仕える、奉公する」という動詞ですので、召使いが関係していることがわかります。

ただ、現在のテニスや卓球、各種球技においては、一球目から相手の返しづらい位置へ全力でボールを打ち込むようになっており、由来とは正反対の行動がとられていることになりますね。

テニスで0点のことを「ラブ」と呼ぶのはなぜ？

temple of wisdom
No.253

テニスの試合中、例えば40―0の場合は「フォーティ、ラブ」とアナウンスが流れます。

なぜテニスでは0点のことを「ゼロ」ではなく「ラブ」と呼ぶのでしょうか？

古代エジプトの時代から、宗教的な行事としてテニスは行われていました。

ただ、現在のテニスはエジプトのテニスをそのまま受け入れたわけではありません。8～11世紀まで、南フランスに進出していたイスラム教徒がエジプト時代のテニスと同じように宗教的行為として行っていたものを、キリスト教の僧侶が真似をし出したことが発祥とされています。

そのため、テニスの用語はフランス語が語源になっているものが多く、その一つが「ラブ」なのです。ラブの発音の語源とされるのは**「l' oeuf（ルフ）」**という言葉。ルフが転じてラブとなったのですが、このルフは**「卵」**を意味する言葉です。「0」の形が卵に似ているという理由から、ゼロではなくルフ（ラブ）と呼ばれるようになったと言われています。

ラグビーのトライは何に対しての挑戦なのか？

temple of wisdom
No.254

トライ（try）とは日本語で「挑戦する」という意味です。ラグビーでは、ボールを持ったまま敵サイドのゴールラインを割って、地面にボールを接地させることによってトライとなり、得点が入ります。では、一体なぜゴールではなく、トライという名前になったのでしょうか？

現在のルールでは、トライをすると5点の得点が加算されます。

しかし**1870年代には、トライをしても得点が加算されることはなく、ゴールキックへの挑戦権が得られる**

(©Copyright Images are generated by andrew-rose and licensed for reuse under this Creative Commons Licence)

だけでした。

つまり、**ゴールキックへの挑戦権（Goal at Try）**というところから「トライ」という名前が付けられたのです。

しかし、トライが0点では面白みにかけるということで、１８９０年にはトライで得点が1点加算されるようになり、さらに翌年には2点に、また翌年には3点になります。

その後78年間もの長い間、このルールのまま変更されることはありませんでしたが、１９７１年に4度目の変更で4点となります。

しかしこれだけでは終わりません。１９９２年にさらにルールが変更され、現在と同じ5点ルールに変わったのです。

その変更回数は実に5回。この調子だと、もしかするとこの先も、トライによる得点は上がっていくのかもしれません。

ゴルフが18ホールになった理由

temple of wisdom
No.255

ゴルフは前半に9つのアウトホール、後半に9つのインホール、合わせて18ホールを回るのが正式なルールです。

昔は22ホールを回っていたこともあるようですが、どちらにせよ中途半端な数字です。何か意味があるのでしょうか？

ゴルフの発祥地とされるスコットランドのセントアンドリュースのゴルフクラブでは、アウト／インそれぞれ11ホールを回り、**合わせて22ホールでプレイしていた**歴史がありました。

しかし、土地の一部を市へと返還したことで土地の広さが足りなくなってしまい、計18ホールまで縮小。これがきっかけとなり、世界中で18ホールが浸透したようです。

スコットランドは非常に寒い地域です。プレーの際にはティーショット（各ホールの第一打）の度にボトルに入れたウィスキーを一杯飲み、18ホール目で丁度ボトルが空になってしまうので、そのホールを最終ホールとしていたという説もあります。ボトル一本を飲み干してしまうわけですから、最後の方はグデングデンに酔っ払ってしまってプレーどころではなさそうですが……。

シンクロ選手の髪型はなぜ崩れない？

temple of wisdom
No.256

水中での美を追究したオリンピックの定番競技であるシンクロナイズドスイミング。

華やかな衣装と美しい演技で、まさしく水中の妖精となる彼女たちですが、水中でどんなに激しく動いても一切崩れないあの髪型はどのようにして作られているかわかりますか？

実は、強力な整髪料を付けるわけでもなく、なんとデザート作りなどにも用いられる**ゼラチン**を使用しているのです。

ゼラチンはコラーゲンを加熱して抽出した成分の塊で、40度前後で溶けて液状となり、それ以下の常温ではプルプルとしたゼリー状の固体になります。

髪をまとめた状態で溶かしたゼラチンを塗りこみ、冷やして固めるだけ。

プールの水温程度では溶けることはないため、プールの水が汚れることもなく、万が一溶け出してしまっても人体には無害。競技後はシャワーの温水で溶けるので簡単に洗い流すことができます。

ボウリング場の貸し靴のデザインが奇抜なワケ

temple of wisdom
No.257

子どもからお年寄りまで楽しめる人気のスポーツ・ボウリング。マイボールにマイシューズを持参してプレイする人も少なくありませんが、そうした方々のマイシューズをよく見てみると、黒や白を基調としたオシャレなデザインのものが多いことがわかります。しかし一般客向けに貸し出されている靴はどれも奇抜なデザインのものばかり。何か理由はあるのでしょうか？
このようなレンタル靴を**ハウスシューズ**と呼びます。お客は自身のサイズを申告、または自動貸出機のボタンを押すだけといった至ってシンプルな仕組みに相反し、いざ出てきた靴は蛍光色がびっしりと使用された、お世辞にもカッコイイとは思えないデザインのものです。

ボウリングが全盛期を迎えたのは1970年代のこと。次々にボウリング場が建設され、国民的スポーツとして連日のように満員御礼な状態が続いていました。当時はハウスシューズもオシャレなものが多かったのですが、そこに目を付けた不届き者が、**ハウスシューズを盗んでいく事態が相次いだ**のです。

そんな問題を回避すべくとられた策が、**ハウスシューズのデザインをダサくする**といったもの。お陰で盗難被害はほぼなくなり、それが現代にも受け継がれているというわけです。

日本語を公用語と定めているのは日本ではない

temple of wisdom
No.258

日本はとてもあやふやな国であるのはご存知でしょうか。実は、**日本は法律で公用語が日本語であるとは定めていません**。これと同じく、日本の首都が東京であるというのも、事実上だけのお話。しかし日本が日本語を公用語としていなくとも、世界にはたった一箇所だけ日本語を公用語としている地域があるのです。

それはズバリ、日本の真南に位置し、オーストラリアの北側に位置する**パラオ共和国のアンガウル州**です。パラオは16の州に分かれており、その内のアンガウル州だけが、パラオ語と英語の他に日本語も公用語だと定めています。アンガウル州の人口はわずか130人程度しかおらず、総面積も約8平方キロメートルと非常に小さい地域です。

なぜこの地域だけが日本語を使用するようになったのでしょうか？

それは第二次世界大戦前、**パラオが日本の委任統治領であったから**です。委任統治とは、国際連盟からその国を統治してくれ、つまり指揮を執《と》ってくれと任命され、国を支配することをいいます。植民地的な扱いをする目的ではなく、あくまでもその国の利益に繋がる統治が前提とされています。

この背景があってか、パラオのアンガウル州では日本語を公用語と定めていますが、パラオが独立した現在では、**島民の中で日本語を喋れる人は一人もいません。**

temple of wisdom
No.259

トイレのマークは日本発祥

世界中の公衆トイレで使用されている男性用トイレと女性用トイレの目印となるマーク。実は**日本が発祥**だったことはご存知でしょうか？

初めてトイレマークが設置されたのは1964年の**東京オリンピック**でのこと。世界中から多人種が一堂に会する場で、誰の目から見ても用途がひと目で判断できるよう、紳士用と婦人用で分かりやすいイラストをデザインしたマークを設置したのが始まりです。

このように案内標識をイラストで表しているものを**「ピクトグラム」**といい、日本語では絵文字を意味します。ピクトグラム自体は東京オリンピックからさかのぼること40年も昔に、オーストリアの哲学者によって考案されていましたが、世界中に浸透するきっかけとなったのは東京オリンピックでした。男女を区別するデザインをはじめ、日本で生まれたピクトグラムがきっかけで、その利用は世界に広がっていきました。

この東京オリンピックではトイレマーク以外にも競技の種類と内容を表すピクトグラムや、レストランを表すピクトグラム、医務室を表すピクトグラムなどが実用され、これらは現在でも使われ続けています。

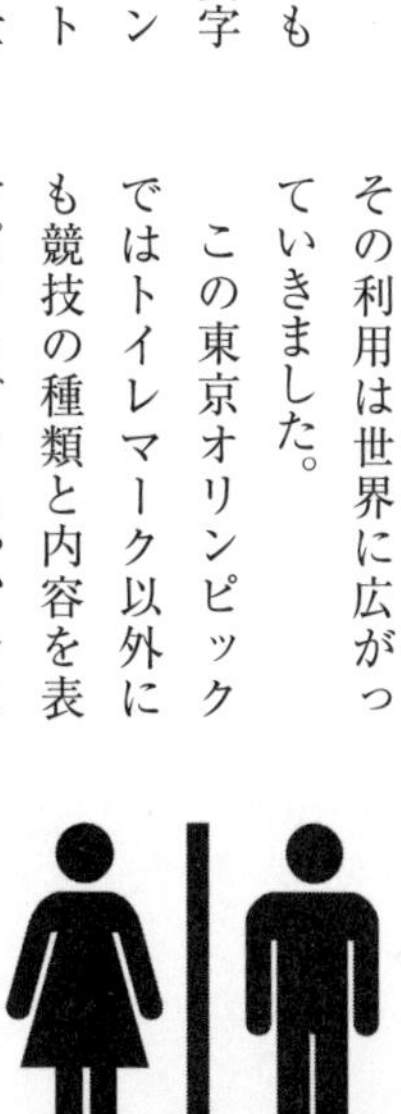

temple of wisdom
No.260

赤鬼と桃太郎の関係

鬼といえば、縞模様の腰巻きをまとい、頭からはツノが生えている想像上の生き物です。

なぜあんな格好をしているのでしょうか？

風水や陰陽道では、建物などの位置（方角）で吉凶を決定します。時計のように十二支の干支をグルリと時計回りに配置し、例えば墓石をこの方角に来るように設置するといい、などという風に用いられます。

元々、鬼は死者の亡霊であると考えられており、その鬼がいる方角が北東であるとされています。この方角を鬼門といい、十二支では**丑《うし》と寅《とら》**にあたります。そこから丑寅の方角とも言われます。

このことから、**鬼は牛のようなツノを生やし、虎の皮の腰巻きをしている姿で描かれた**のです。

童話『桃太郎』では、犬と猿とキジをお供に従えて、鬼退治へと向かいます。一見すると弱そうに思える動物のチョイスですが、これにもしっかりとした理由があるのです。

鬼門は災いの方角ですが、その真逆の南西の方角は鬼門を封じ込める方角になります。この方角を裏鬼門といいます。この裏鬼門に位置する十二支が、まさしく戌《いぬ》と申《さる》と酉《とり》なのです。

七福神の中で日本の神様は一柱しかいない

temple of wisdom
No.261

七福神とは、字のごとく七人の福の神で、主に日本で信仰されている神様たちのことです。大黒《だいこく》天《てん》、毘沙門天《びしゃもんてん》、弁財天《べんざいてん》、福禄寿《ふくろくじゅ》、寿老人《じゅろうじん》、布袋《ほてい》、恵比寿《えびす》の七柱で構成されていますが、この中で**日本出身の神様は一柱しかいない**のです。

それぞれの七福神のモチーフをご紹介しましょう。まず、大黒天は食物、財産を司る神様。元々はヒンドゥー教のマハーカーラ神が由来。つまりインドの神様です。

同じく毘沙門天もヒンドゥー教のクベーラ神が由来です。甲冑を身にまとった姿で、元々は戦の神でしたが、仏教に取り入れられてからは財産を司る神様となります。

唯一の女性の神様である弁財天も、ヒンドゥー教のサラスヴァティー神が由来。音楽や知恵の神様です。

インド以外の神様もいます。それが福禄寿という中国で信仰された南極星の化身で、長寿の神様。福禄寿と同じく寿老人も南極星の化身で、福禄寿と同体とされることもあります。二人とも老人の姿をしていますが、杖を持っているのが寿老人、頭が長いのが福禄寿となります。

同じく、布袋も中国由来の神ですが、実際は神ではなく唐の時代に実在した仏教の禅僧なのです。大きな袋からは財をもたらすと言われています。

残る最後の一柱が、唯一の日本の神、**恵比寿**です。イザナミとイザナギの間に生まれ、手には釣り竿と鯛を持ち、漁業、農業、商業と幅広い福をもたらしてくれます。

七福神を描いた錦絵「七福神寿柱建之図」。稚児を除いて右から恵比寿、大黒天、毘沙門天、布袋、福禄寿（寿老人）、寿老人（福禄寿）、弁財天。（国会図書館所蔵）

建物の0階が存在する国がある

temple of wisdom
No.262

日本では地表に面している階を1階、そこから上に上がるたびに2階、3階と数えます。しかし海外ではその数え方が日本と違う国が存在するのです。

日本やアメリカは階の数え方は共通しています。しかしヨーロッパやオーストラリア、香港やマカオなどの中国圏の国では、**地面にある階をグラウンド・フロア（地上階）と呼び、エレベーターのボタンなどの表記では「0」または「G」などと表記されている**のです。

このG地点から階を増すごとに、1階、2階とされるため、日本で3階建ての建物はこれらの国々では2階建てとなるのです。

東京タワーは戦車の残骸の生まれ変わり

temple of wisdom
No.263

１９５８年12月23日に完成した東京タワーは、東京スカイツリーができるまでの約51年もの間、自立式鉄塔として日本一の高さを誇っていました。今もなお、東京都のシンボルといえば東京タワーのイメージが強い人が多いのではないでしょうか。実はこの東京タワー、戦争に関係するあるものの生まれ変わりだったのです。

東京タワー着工当時、今よりもずっと経済状況が厳しかったことから、材料には特殊な鉄が使用されました。その特殊な鉄とは、**戦車を解体したもの**だったのです。

使用された戦車は１９５３年に終戦を迎えた朝鮮戦争で使用されたアメリカ軍の戦車です。アメリカ軍は新型戦車開発のための資金として、戦争で使用された旧型戦車を日本に売却。安く鉄を入手したかった日本とアメリカの利害が一致したことにより、戦車が東京タワーの建設用材料として使用されたのです。

temple of wisdom
No.264

ゴールデンウィークの起源とは？

5月が近づくと、社会人にとっては特に嬉しいゴールデンウィークがやってきます。

毎年4月29日の「昭和の日」の祝日から、5月5日の「こどもの日」の祝日まで、4つの祝日が続く飛石連休の週を指しますが、ゴールデンという名称は一体どこからやってきたのでしょうか？

ゴールデンウィークという言葉が使われだしたきっかけは、**1951年に公開された映画「自由学校」**にあります。

映画は大映と松竹の合作で、今でいうゴールデンウィークの時期に公開され、興行収入が当時の最高記録を出したのです。

お盆やお正月などの国民のほとんどが休みの時期以外で最高記録を出したことから、大映はこの期間をゴールデンウィークと名付けました。

しかしＮＨＫ放送局や新聞メディアではゴールデンウィークという表記は使わず、単に大型連休という記載をしています。これはゴールデンウィークに休みが取れない方への配慮などが理由となっているようです。

高層ビルとディズニーランドのとある関係性

temple of wisdom No.265

都心には高層ビルが乱立していますが、法律で高層ビルにはあるものを設置することが義務づけられています。ディズニーランドの建造物は、このある物を設置したくないがために、あるアイディアが組み込まれて設計されています。

そのある物とあるアイディアとは一体何なのでしょうか？

高層ビルとは高さ60メートルを超える建造物を

指します。明確な基準はありませんが、100メートル以上の高い建物を超高層ビルと呼ぶこともあります。

さて、高層ビル以上の高さの建物は、航空法に従って飛行機へその存在を示す**航空障害灯**を設置する義務があります。航空障害灯は白または赤の、点灯または点滅を行うランプのこと。

ディズニーランドが設置を嫌がったのは、この航空障害灯なのです。

ディズニーランドで最も高い建物はタワー・オブ・テラーの59メートル。次いでシンデレラ城の51メートルです。この両者の建物はたまたま50メートル台で建ったわけではなく、**上記の航空法によるランプの設置義務から逃れるためにわざと低く建てられている**のです。

夢の国のイメージを崩したくないディズニーランドのこだわりが建物の高さを左右したのです。

日本の夢の国「舞浜」の地名の由来

temple of wisdom No.266

東京ディズニーリゾートがあることで知られる千葉県浦安市舞浜。この舞浜ができるまでの背景にはやはりディズニーランドが大きく関係していました。

ディズニーランドは1955年に、アメリカのカリフォルニア州にて開園しました。その後、現在のディズニーランドの完成形ともいえるウォルト・ディズニー・ワールド・リゾートが1971年にアメリカのフロリダ州にて開園を迎えます。ただ、残念なことに1966年にウォルトが逝去したため、本人はテーマパークの完成を見ることはありませんでした。

さて、話を舞浜という地名の由来に戻しましょう。千葉県浦安沖を埋め立て、事業に関する協定を千葉県と締結したのが1962年、そこから21年後の1983年に東京ディズニーランドは開園を迎えます。埋め立てた土地に新たな地名を付ける必要がありましたが、ここまで読んでいただいた方はピンと来たかもしれません。

舞浜は**東京ディズニーランドの基であるディズニーワールドがあるフロリダ州の都市、「マイアミビーチ」をもじって名付けられた**のです。マイアミビーチ→舞アミ浜→舞浜、ということです。

ちなみに舞浜の番地には2丁目と3丁目しか存在しません。東京ディズニーリゾートの本拠地は舞浜1―1ですが、これは1丁目1番地ではなく、1番地1を略したものなのです。

タイの首都であり、東南アジア指折りの世界都市であるバンコク。**このバンコクという名称は正式名称ではありません**。あまりにも長すぎる正式名称のため、省略して呼ばれているのです。

バンコクの正式な名前は、『クルンテープ・マハナコーン・アモーンラッタナコーシン・マヒンタラーユッタヤー・マハーディロック・ポップ・ノッパラット・ラーチャタニーブリーロム・ウドムラーチャニウェートマハーサターン・アモーンピマーン・アワターンサティット・サッカタッティヤウィサヌカムプラシット』と言います。

あまりにも長すぎるために現地でも覚えている人は少ないようで、先頭の単語を取って単純に「クルンテープ」と呼んでいるようです。

ちなみに、日本語に訳すと『イン神がウィッサヌカム神に命じて作られた、神が権化として住む、多くの宮殿を持ち、九宝のように楽しい王の都、最高で偉大な地、イン神の戦争のない平和な、イン神の卓越した宝石のような、偉大な天使の都』となります。

本当はトンブリーという地名だったのが、外国人に地名を聞かれた際に本当の名前を隠すためにバンコークと教えたところからバンコクの名が広まったとも言われています。

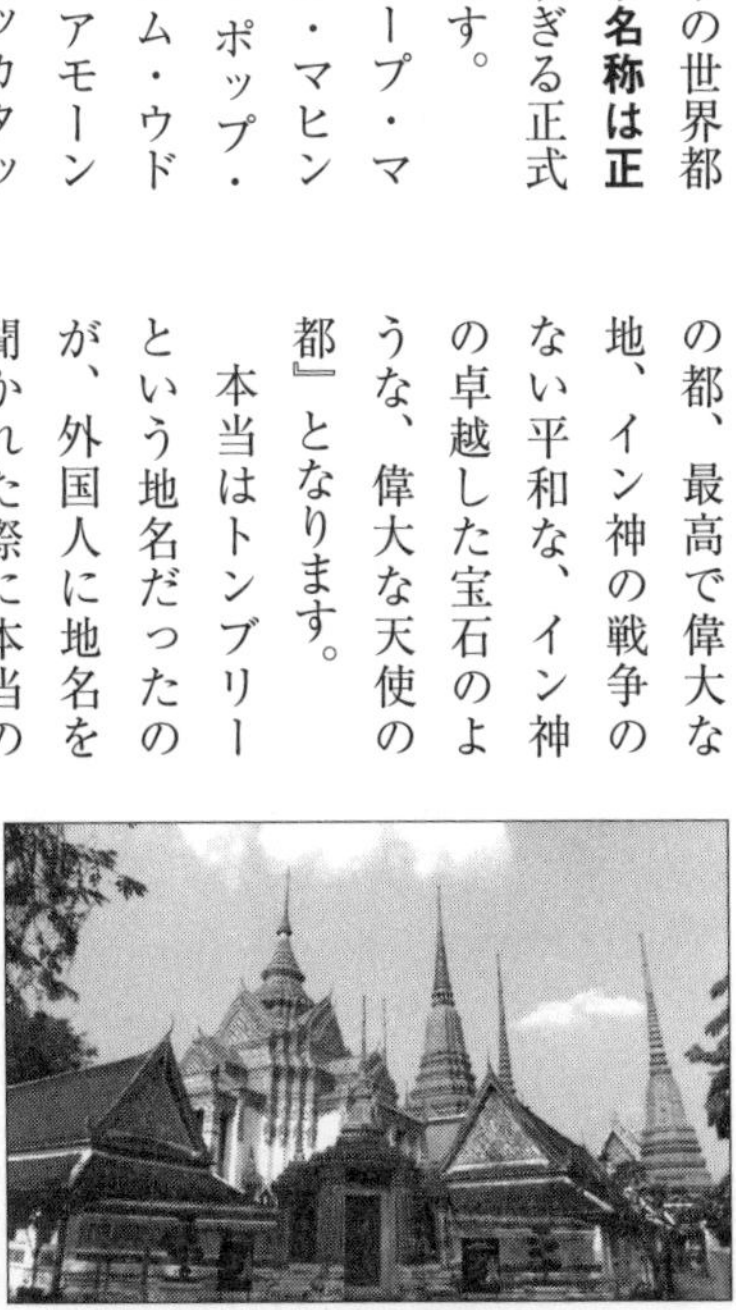

バンコクの宮殿

世界一高い山はエベレストではない？

temple of wisdom
No.268

ネパールと中国にまたがる世界最高峰のエベレスト。ネパール語ではチョモランマとも呼ばれます。その標高は約8848メートルもあり、日本最大の山である富士山の2倍以上もの高さと、険しさを兼ね備えています。

しかしエベレストを遥かに凌駕する山、それがハワイにあるのです。名前は**マウナ・ケア山**。その標高はなんと**1万203メートル**もあるのです。

にもかかわらず、マウナ・ケア山が世界一と認定されないのはなぜなのでしょうか？

それには山の標高がどこから計測されるのかが問題となってきます。

山の標高は地表から計測されますが、マウナ・ケア山のふもとは海底に沈んでいるのです。地表に出ている標高は、全長の半分にも及ばない4205メートルしかない上、山の体積が大きすぎて自分自身を支えきれず、年々海底へと沈んでいってしまっているそうです。

マウナ・ケア山

バチカン生まれでもバチカン市国民になれない

temple of wisdom

No.269

世界最小の国であることで有名なバチカン市国ですが、単純にバチカン市国内で生誕したとしても、バチカン国籍を得ることはできないのです。

バチカン市国とは、ヨーロッパのイタリアの北部に位置する、国土面積がわずか0・44キロ平方メートルしかない、独立国家です。東京ディズニーシーと同じくらいの大きさですので、国としては極々小さな面積であることがわかります。

カトリックの総本山で、ローマ法王がいるのもこのバチカン市国。国自体が世界遺産に認定されています。

人口はわずか800人程で、その全ての人が司祭や修道女などの聖職者なのです。

国籍が与えられるのは、この聖職者たちのみ。それ以外の人にはバチカン市国の国籍が与えられることは許されておらず、一般職の人はイタリアなどバチカン市国外から通勤しています。

つまり、バチカン市国の国籍を取得したいのであれば、何らかの形で聖職者として従事する必要があるのです。

「神父」と「牧師」の違い

temple of wisdom
No.270

日本でも教会は全国にいくつも存在します。お寺に比べると、実際に訪れたことのある方は少ないと思いますが、**神父**や**牧師**が教会にいるというイメージはあると思います。

この神父と牧師という言葉にも、きちんと違いがあるのです。

そもそも教会とは、キリストの教えを説いている神聖なる場所です。キリスト教は、カトリック、プロテスタント、東方正教会の3大宗派に大きくわけることができます。

宗派とは、簡単にいえば、キリストの教えに対する解釈の違いでわかれたグループです。

神父とは、カトリックにおける聖職者を指します。司祭とも呼ばれ、所属するのは上下関係のある序列社会です。東方正教会の聖職者も神父と呼ばれることがあるようです。

カトリックにおいては、神父は結婚することは許されていません。一方、東方正教会の場合は司祭になる前の段階で結婚をする意志を表示すれば世帯を持つことは許されるようです。

ちなみに、映画などで目隠しがされた小さな部屋に神父さんと信

者が入り、懺悔や悩みなどを聞く告白のシーンを見ることがありますが、これを行うのはカトリックの神父さんだけです。

一方、**牧師とはプロテスタントにおける聖職者**です。仕事内容に大差はありません。序列社会も存在せず、結婚も自由にできます。信者と同等な立場にあるのが牧師です。

キリストの「自分は牧者（羊飼い）である」という言葉からきているそうです。

要するに、カトリックの牧師はおらず、プロテスタントの神父はいない、ということです。

欧米では履歴書に写真を貼らない

temple of wisdom
No.271

日本では、履歴書に今までの経歴や個人のアピールポイントを記入し、証明写真を貼り付けて提出します。これは面接に来た人物と履歴書を書いた人物が同一であることを確認するための手段でありますが、ヨーロッパやアメリカなどの国々では履歴書の内容が日本とは大きく異なるのをご存知でしょうか？

欧米では証明写真を貼るか貼らないかは自己判断でいいようです。これは写真から人物像を判断されることを防ぐため。外見や人種が異なる人々が日本以上に暮らす欧米では、**人物像を詮索するような履歴書は差別にあたる可能性がある**のです。

この他、日本の履歴書と違って、生年月日や性別、趣味・特技、家族構成は記入する必要がありません。しかも、これらの項目を面接上で質問することも違法になる場合があります。職務に関係のない事項や、差別にとられかねない事項は全て省かれているのです。

トルコ石はトルコでは採れない

temple of wisdom
No.272

トルコ石とは、英語ではターコイズといわれる石で、ターコイズブルーという色の名前にもなっています。実際の石にはブルーに近いグリーンや、グリーンに近いブルーなど個体差があります。

トルコ原産の鉱石というイメージを抱いている方も多いかもしれませんが、それは誤り。産地が由来になったのではないのです。

そもそも、**トルコ石が採取されるのはアラブやイラン周辺の乾燥地帯**です。

アラブやイラン周辺で採取できる石なのにトルコ石というのは、その昔にこの石がヨーロッパへと伝わった際に、トルコ人の商人によって広められたからなのです。

そのため、現在でもトルコからトルコ石が採取されることはありません。

第7章 人体の雑学

お腹がグーっと鳴る仕組みと改善法

temple of wisdom
No.273

エレベーターの中や授業中、会議中など。静かな密室で前兆もなくお腹がグーッと鳴ってしまって恥ずかしい思いをしたことはありませんか?

本項でお腹の鳴る仕組みを理解し、簡単な改善法を習得しましょう。

まずお腹が鳴ってしまうのに満腹感は関係ありません。**お腹がいっぱいでも空いていてもどちらでも鳴ってしまう**のです。

満腹時に鳴るお腹が鳴るのはなぜでしょう?食べ物を食べた後、胃で消化された食べ物は腸に送り出されます。腸では栄養を吸収しながら同時に食べ物を消化します。**この消化活動の際に微量のガスが発生し、お腹が鳴ってしまう**のです。

もし、慢性的に満腹時、すなわち腸で音が鳴ってしまう方は、過敏性腸症候群の可能性があります。過敏性腸症候群とは、主にストレスや睡眠不足からくる精神的な病気のこと。気になる方は医師に相談した方がいいでしょう。

では空腹時にお腹が鳴るのはなぜなのでしょうか? 空腹は、体内の血糖値の低下を脳が感知することで感じます。空腹を感じると、胃は伸縮動作を繰り返し、**胃の中の空気を腸に送り込もうとします**。この際に音が鳴ってしまうのです。

正しく改善したい場合は、決められた時間にしっかりと食事を取ることを意識し、胃の活動のバランスを整えてあげることが重要です。

temple of wisdom
No.274

血液型にC型がない理由

血液型は言わずもがなA型、B型、O型、AB型の4種類。これをABO式血液型と呼びますが、なぜC型ではなくO型なのでしょうか？

まず、**血液型とは血液の種類ではありません**。血液の表面には抗原が含まれています。これは体内に侵入したウィルスなどの病原体と戦ってくれる役割を担う抗体を生み出す元となる物質です。この抗原には250種類以上もの数がありますが、代表格とされるのがA型、B型抗原です。

そう、**血液型とは、このA型、B型抗原の有無で分けられているに過ぎません**。A型抗原を持っていればA型、B型抗原を持っていればB型、両方とも存在するならばAB型になります。ではO型とは何なのでしょうか？

そうです、どちらの抗原も持っていないタイプがO型です。つまりO《オー》ではなく0《ゼロ》型なのです。他にも医学の言語とされるドイツ語で「何もない」を意味する「ohne」の頭文字ではないかとの見解もあります。

しかしこの血液型の名称は現代のもので、1910年まではA型、B型、C型と呼ばれていたのです。

血液型の組み合わせは数兆通り以上ある

temple of wisdom
No.275

人間の血液型にはどのくらいの種類があるのでしょうか？　ＡＢＯ式に馴染んでいると血液型は4通りしかないようにも見えますが、実は他の判別法を掛け合わせれば、**血液型は数兆通り以上に細分化することができる**のです。

最も有名なのは**「Ｒｈ型」**の判別方法でしょう。Ｒｈ型はＲｈプラスとＲｈマイナスの2種類しか存在しません。日本人の99・3％がＲｈプラス型に属しており、Ｒｈマイナス型の血液は非常に貴重です。医療ドラマなどで「この患者はＲｈマイナス……」と絶望するシーンを見かけることがありますね。

実はその他にもＭＮ式血液型やダフィー式血液型など、様々な血液型の判別方法があり、その数はなんと約３００種類。全ての判別方法を掛け合わせていくと、数兆通り以上のパターンが算出されるといいます。つまり、指紋などと同様に、全く同じ血液型を持った人間がいる可能性は極めて低く、０％に近いということになるのです。

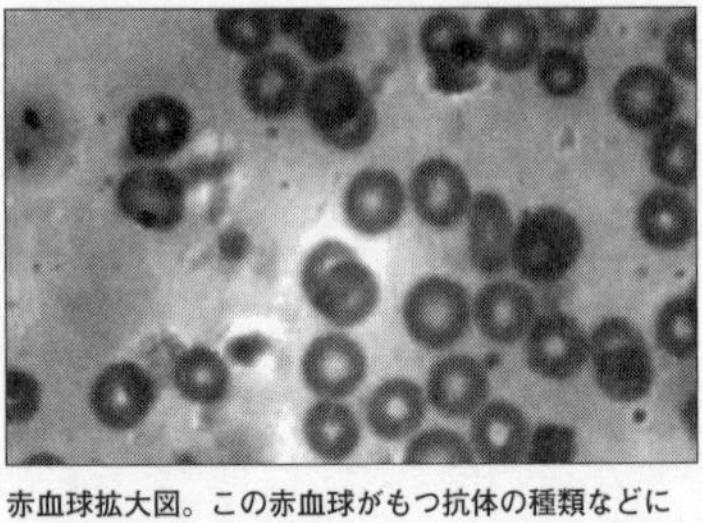

赤血球拡大図。この赤血球がもつ抗体の種類などによって血液型は分類される。

temple of wisdom
No.276

手の爪が足の爪より早く伸びるのはなぜ？

「せっかくキレイにネイルしたのにすぐに爪が伸びちゃう！　足の爪はそんなことないのに！」とお悩みの女性は少なくないのではないでしょうか。そう、**爪は手足によって伸びるはやさが違うのですが、指ごとにもその早さは異なる**のです。

そもそも爪とは、指と皮膚の間から生えてくる硬い物質のこと。皮膚の角質が硬化したもので、皮膚の一部です。つまりはタンパク質によって構成されています。

成人が一日で伸びる爪の長さは平均して約0・1ミリメートルです。しかし手と足、さらに指によって伸びる速度が異なります。**手は足よりも早く、さらに人差し指、中指、薬指の伸びが早く、親指、小指と続きます。**

さらには冬よりも夏、夜よりも昼間の方が伸びる速度が早いようです。

なぜ伸びる早さが違うのでしょうか？　実は、**よく使う指ほど爪が伸びる速度が早い**のです。よく使う指ほど毛細血管が刺激され、新陳代謝が高まるため、爪の成長が促進されるのです。

切るのが面倒だから伸びる速度を抑えたい、と思う方もいるかもしれませんが、残念ながら伸びる早さを遅くすることはできないようです。爪が正しいペースで伸びることは健康であることの証拠。喜ぶくらいの気持ちでいましょう。

逆に爪を早く伸ばす方法はあります。寝る前などに爪の付け根を優しくマッサージすることによって、成長を促すことができるのです。この際はハンドクリームなどを使用して、保温効果を出すとなおいいようです。

temple of wisdom
No.277

「南極では風邪をひかない」は嘘

風邪は正式には「感冒《かんぼう》」「急性上気道炎」といいます。総称として「風邪症候群」とも呼ばれます。

南極では風邪をひかない、とはよく耳にしますが、それは誤り。**南極でも風邪をひく可能性はある**のです。

そもそも、なぜ風邪をひいてしまうのかというと、ウィルスや細菌に感染した身体が防御反応をしめし、体温を上げたりするためです。

一度ウィルスにかかると、そのウィルスに対する抗体を作るため、同じウィルスに感染することはありませんが、風邪の原因となるウィルスは200種類以上も存在し、新しいウィルスも

次々と生み出されるため、幾度と無く感染してしまうのです。

「南極では風邪をひかない」と言われるのは、マイナス50~60度の環境では、風邪ウィルスが死滅してしまうから、とされています。

ところが、**南極でもウィルス自体は生存しています**。しかし人口が極端に少ないため、人の体内で生存する機会がなく、感染症として風邪が流行することはないため、風邪をひく可能性は極端に低いです。ですが、厳密に言うならば、ウィルス自体は存在しているため、南極でも風邪にかかる可能性はあるということです。

風邪ウィルスが体内に侵入しただけでは風邪の症状が強めに出ることはありませんが、疲労や睡眠不足などによって身体が弱っていたり、低気温などで身体が冷えている状況では諸症状が表れてきます。常に水分と栄養を取り、身体を温かく保って風邪をひかないように気を付けましょう。

走ると襲ってくる左わき腹の痛みの原因

temple of wisdom No.278

久々の運動や軽いジョギング中など、突然左わき腹に刺すような痛みが襲ってくるときがあります。体力はまだ残っているのに痛みのせいで運動を続けることができない。この痛みの原因は何なのでしょうか？

左わき腹の痛みの元は**脾臓《ひぞう》**と呼ばれる臓器です。脾臓は体内の血液を一時的に保存しておく貯蔵庫のような臓器で、体内で多くの血液が必要になった場合、この貯蔵庫から血液を流出して補う役目を担っています。この脾臓が運動などを行った際に筋肉が酸素を過剰に必要とするため、**血液を多く流し込んで酸素を供給している**わけです。

この痛みを防ぐことはできるのでしょうか？

まずは入念に準備運動やストレッチを行い、体を徐々に動かしていきましょう。そうして目的の運動へと移行すれば、脾臓も急激に活動を行うことなく、ゆるやかに多くの血液を送り出すことができるため、普段どおり働いてくれます。

なお、脾臓以外にも痛みの原因となるものがあります。それが腸内に溜まったガス。

ガスが動くことで腸内が刺激され痛みを感じてしまうのです。腸内のガスは食べ物の消化、吸収時に発生するものです。運動をする直前に食べ物や飲み物を摂取してしまうと、運動中にガスが発生して痛みの元となってしまいます。いずれにせよ、食べてすぐ動くのは気をつけた方がいいということです。

骨は常に作り変えられている

temple of wisdom
No.279

成長期が終わり、大人の大きさに骨が作られると、人間の骨格は完成する、と思われがちですが、実は違います。**骨は毎日のように作り変えられている**のです。

人間の骨は重力を受けていないと正常な状態を保てません。宇宙飛行士が地球に帰還した頃には、足が細くなっているという話はよく聞きます。重力を受けていたとしても、骨は使って作りかえていかないとどんどん細くなってしまうのです。

健康な人の骨でも、毎日のように骨は作り変えられています。骨には破骨細胞という、骨を壊す細胞があり、これによって古い骨の組織が吸収されます。破壊が終わると、骨芽細胞という骨を作る細胞がコラーゲンを付着させます。そして、血液によって運ばれてきたカルシウムとコラーゲンが結びつき、新しい骨が誕生するのです。このように常に骨は作り変えられ、**成人でも3年で全く新しい骨へと作り変えられる**といわれています。

骨は血液が固まって作られる

temple of wisdom
No.280

骨折を経験したことがある方なら、何週間もギプスで固定され続ける苦痛をよく知っていると思います。しかしそれと同時に、じわじわと骨が再生されていくような感覚を受けるたこともあるのではないでしょうか。

折れた骨が再生するのは、骨と骨が徐々に増殖してくっつくからではありません。なんと**血液が固まって骨となる**のです。

骨折すると、骨の中に通っている血管が切れて出血します。その血が固まることで出血が止まるのですが、それに加えて折れた骨の隙間に血が広がって固まり、接着剤の役割を果たすのです。

この状態から二週間ほど経過すると、血の塊に毛細血管が侵入し、細胞増殖を繰り返す肉芽組織へと変化します。この肉芽組織の中から骨となる組織が形成されるのです。

水が毒になる？　水中毒とは

temple of wisdom
No.281

人の体の7割は水分でできています。そのため適度な水分補給は欠かせません。しかし**その水が体にとって毒になる病気がある**のです。

アメリカのラジオ番組の企画で、トイレに行かずに水をどれだけ飲めるのかというコンテストが開かれたことがあります。この企画に参加した挑戦者は、短時間の内に7リットルもの水を飲んだ後に頭痛と腹部の膨張を訴え病院に運ばれましたが、その後死亡しています。検死の結果は水中毒であることが判明しました。

水中毒とは、水を飲んでも飲んでも喉の渇きが癒えない中毒のことで、原因は過剰に水を摂取することです。タバコやアルコールと同じく、止めたくても止められない中毒症状に陥ります。

疲労感、頭痛、吐き気、嘔吐、痙攣などにむしばまれ、最悪の場合は死に至ります。まさしくただの水が毒になるのです。

飲みすぎなければ問題はありませんが、水の温度にも少しは気を配ったほうがいいかもしれません。冷蔵庫で冷やした水ばかりを大量に飲んでいると体内の代謝が悪くなり、むくみなどの悪い症状が出やすくなるので、その点は注意しましょう。

暗いところで本を読むと目が悪くなるのは嘘

temple of wisdom No.282

子どもの頃、日が落ちて暗くなった部屋でマンガを読んでいると、「目が悪くなるわよ！」と怒られたものです。しかしこれは全くのウソで、**本当に目が悪くなるわけではありません**。

確かに、暗いところで本を読むという行動は、眼球に疲労を与えてしまいます。

人間の目は、暗いところでは少しでも多くの明かりを取り入れようとして瞳孔を開こうとします。しかし本を読むような、近くを見るという場合は、瞳孔は閉じていくのです。このように瞳孔が真逆に働こうとすることで、眼球やその周りの筋肉が疲労し、目がかすんだり痛くなったりするのです。

しかしこれは一時的なもので、**視力の低下には繋がりません**。ある程度時間が経つと自然と回復し、元の状態へと戻ってくれます。

ただ、暗いところであるものを見続けていると視力の低下に繋がります。それが、テレビやパソコン、スマートフォンなどです。これは部屋とモニターの明るさの違いによって、目が疲労を感じるからです。

近年よく「ブルーライト」という言葉を聞きますね。ブルーライトが発せられると、眼球の奥の網膜にまで光の刺激が届いてしまいます。テレビなどの製品のモニターからは、このブルーライトが発せられているため、長時間の使用の際には特に注意が必要なのです。

temple of wisdom
No.283

涙にも味の種類がある？

悲しいとき、嬉しいとき、悔しいとき、怖いとき。様々なシーンで涙を流すことがあります。嬉し涙や悔し涙などと呼ばれていますが、実は**それぞれの涙の味には違いがある**のです。

涙は目の横にある涙腺から分泌されます。主な役割は、眼球への栄養補給や乾きの防止、さらにはまぶたをスムーズに動かすための潤滑油などが挙げられます。98％は水分であり、残りの2％には、タンパク質や糖質、ナトリウムやカリウムといった様々な栄養素が含まれています。

なお、涙は感情に左右されずとも自然と分泌されるもので、人間は一日平均で3ccもの涙を分泌しているとされます。

さて、感情の変化によって涙をながすことを「泣く」といいますが、これは**交感神経と副交感神経の働き**によるものです。怒っているときや悔しいときには交感神経が働き、嬉しいときや悲しいときには副交感神経が働きます。これによって分泌された涙は、成分が違うのです。

交感神経による涙は水分が少なく、逆に副交感神経による涙は水分が多くなります。水分が少ない分、交感神経による涙は塩辛く、副交感神経による涙は薄味ということになります。交感神経の働きの結果、塩のもとであるナトリウムの体内濃度が高くなるため、涙も塩辛くなるのです。

口で呼吸ができるのは人間だけ

temple of wisdom
No.284

全ての哺乳類の中で口呼吸ができるのは人間だけです。

では、他の哺乳類や生き物、さらに昆虫などにいたってはどのように呼吸しているのでしょう

鼻呼吸は片方の穴からしか息を吸えない

temple of wisdom
No.285

か？

犬がハァハァしているのを見たことがある人は多いと思いますが、あれは口呼吸ではありません。犬や猫が舌を出して空気を行き来させているのは、**浅速《せんそく》呼吸**という呼吸方法で、主に体温調節の為に行う呼吸方法です。犬や猫などの動物は食道と肺が繋がっているものの、喉の奥にフタのようなものがあり、呼吸ができる仕組みにはなっていないのです。

多くの動物は、食べ物が通る道である食道と、空気を肺まで送るための気管が完全にわかれているのです。そのため、呼吸は鼻からしか行うことができず、食べ物は口から入れるしかありません。人間は鼻と口とが繋がっていて、どちらからも呼吸ができますし、やろうと思えば鼻から物を飲み込むことも可能ですが、動物にはそれができないのです。

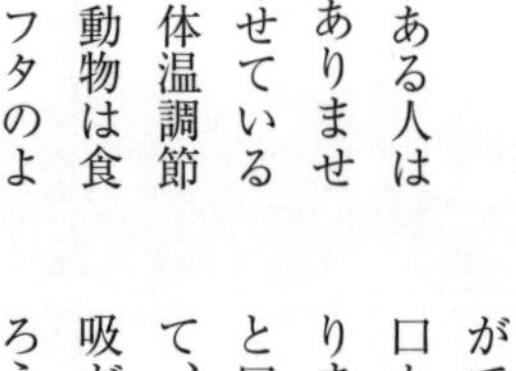
浅速呼吸で体温調節をする犬。人間のように口で呼吸することはできない。

昆虫にいたっては、体のところどころに開いている気門と呼ばれる穴から空気を取り込んで呼吸しているのです。

哺乳類に与えられた呼吸法である鼻呼吸ですが、実は**鼻呼吸は両方の穴から息を吸っていない**のです。

意識して鼻からスーッと息を吸えば、両方の穴から空気が通っていくことがわかりますが、無意識の状態では片方の鼻の穴からしか呼吸しません。無意識時は鼻の奥にある骨が片方ずつ交互に閉まることによって、自然と片方の穴からしか空気を送り込まない仕組みになっているのです。

この周期はおよそ2時間に一回で、自律神経の働きによってコントロールされています。自律神経とは、呼吸、発汗、体温調節、消化、代謝などといった、体が正常に機能するように脳をコントロールしている神経です。

また、寝返りの周期もこの自律神経の働きが関係しているらしく、2時間ほどの周期があるという情報もあります。

temple of wisdom
No.286

鼻水は一日で1リットルも分泌される

毎年、花粉の季節になると花粉症の方は鼻水が滝の様に流れでて辛い思いをしていることでしょう。花粉症はアレルギーによる発作ですが、自分は大丈夫と侮ってはいけません。アレルギー物質はコップに水を注ぐように蓄積され、いつ溢れ出て発作を引き起こすか分からないと言われます。

花粉症や風邪の症状などを除いては、鼻水が分泌されていることを実感することはあまりありませんが、実は**1日に1リットルもの量を分泌しているの**です。

鼻水は鼻から吸った空気に適度な湿気を与えたり、粘膜を保護するために常に分泌されています。なぜ鼻水が鼻の穴から体外へと排出されないのかというと、**鼻の奥の鼻腔に生えている極小さな毛、線毛が毎秒10回以上も振動することによって、喉へと運んでいる**からです。

すなわち、無意識のうちに1リットルの鼻水を飲み込んでいるということです。

temple of wisdom
No.287

くしゃみは新幹線よりも速い

くしゃみにはいくつかのパターンがありますが、基本的には**体温調節のために行われます**。そのくしゃみの速度は、新幹線を上回るほど速いことをご存知でしょうか?

くしゃみは不随意《ふずいい》運動と呼ばれる生理現象ですので、本人の意思とは関係なく起こり、抑制することはできません。

くしゃみが起こるのは、まず鼻腔内にホコリなどの異物が混入したときですね。皆さんにもなじみがあると思います。ムズムズとした感じから出るくしゃみで、異物を外部へ排出しようとしています。そしてもう一つ、鼻腔の中の体温が低下したときにもくしゃみが出ます。くしゃみの振動エネルギーによって体温を上げようとするのです。

　では、くしゃみの速さはどのくらいなのでしょうか？　新幹線の最高速度は時速320キロメートル。東北新幹線の一部区間でのみ出せるスピードです。それに対してくしゃみの風速の最高速度はなんと**時速400キロメートル**にもなります。


　これだけのパワーがあるくしゃみなら、例えばインフルエンザの患者さんが周りへと感染させてしまうのは納得のことでしょう。マスクをしていたとしても効果はないんじゃないかと思ってしまうほどです。

temple of wisdom
No.288

ヘソのゴマを取ってはいけない！　は嘘

　昔から「ヘソのゴマを取るとお腹が痛くなる」という迷信が言い伝えられています。しかしこれは半分正解で半分間違いなのです。

　黒くて小さい粒状の形をしていることから、ゴマと称されていますが、**その正体はゴミ**です。垢や汗、毛などの細かなゴミの塊なのです。

汚い話ですが、ヘソのゴマに含まれる細菌数は、便器の水のおよそ4100倍ともいいます。これだけの細菌がいれば、感染症にかかったり、炎症を起こしたりすることは容易に想像がつきます。

身体には不要なものですので、ゴマは取ったほうがいいというのが結論ですが、取り方を誤ってしまえば逆に傷を付けたりする恐れもあります。冒頭で半分正解と言ったのはこのことで、正しいゴマの取り方を学びましょう。

ヘソはとてもデリケートな皮膚です。ゴシゴシ擦ったり、無理にゴマを取ろうとしたりしてはいけません。普段からお風呂でヘソを洗う習慣を身につけましょう。タオルに石鹸を付け、指に巻き付けてグリグリと軽くヘソを擦ります。これを週に2~3度行うと良いと言われています。

すぐにでも除去したい場合、綿棒にオリーブオイルやベビーオイルをつけて、ゴマをふやかすような感じで掃除をしてあげましょう。

temple of wisdom
No.289

バリウムが肺に入ると死ぬ？

30歳ぐらいを境に、多くの方は健康診断や人間ドックなどでバリウムを飲む機会が増えることでしょう。このバリウムが誤って肺に入ってしまうと死んでしまうという噂があります。本当なのでしょうか？

そもそも、健康診断などでバリウムを飲むのはなぜなのでしょう？

胃や腸などの内臓物で、袋状、管状になっているものはレントゲンでは造影することができません。そのためX線を通さないバリウムを飲み、影を作って擬似的に造影させる必要があるのです。

バリウムは水分が失われると固まる性質を持っています。飲み込む際に問題なく胃の方へ流れてくれればいいのですが、むせて肺の気管に入ってしまっては大変です。**最悪の場合は肺の内部で固まってしまい、窒息死する恐れがあります。**

大抵の場合は気管に入った反応で咳込んだりすることで正しい管へと戻っていきますが、お年寄りなど力が衰えている方は注意が必要です。

temple of wisdom
No.290

宇宙ではトイレに行きたくならない？

長時間の無重力空間を体験したことがある人は非常に稀でしょう。不思議なことに、**全ての物体が宙に浮いてしまう宇宙ではトイレにあまり行きたくならない**というのです。

無重力空間では、**食べた物が体の下へと下がっていきません。**そのため、地上よりも便意や尿意をもよおさないというのです。

もちろん、尿意や便意がなくなるわけではありませんので、トイレに行きたくなることも当然あります。この宇宙空間で用を足すのにはかなりの注意が必要なのです。

無重力空間では、例えば壁に物体が激突すると、その力と同じ力が物体に戻ってきて跳ね返ります。これを**作用反作用の法則**といいます。トイレで大便をするときにもこの法則は当てはまります。大便を出したときと同じ力が体に戻ってくるので、**体が飛び上がってしまう**のです。

これを防止するために、トイレには体を固定するための仕組みが施され、さらには掃除機のようにトイレが便を吸引してくれます。なお、小便の場合は、ホース状の機械におしっこをします。これも大便時と同様に掃除機のように吸引してくれます。排泄物は機械によって分別され、固形物は地球へと持ち帰り、水分はそのまま宇宙へと捨てられるそうです。

トイレ一つとっても、宇宙飛行士は訓練を受けてから空へと飛び立っているのです。

寒くて身体が震える現象の正式名称

temple of wisdom
No.291

冬が終わり、暖かい日が続くようになってきても、夜の冷えには注意が必要です。夜のお花見に薄着で出かけて、ブルブルと震える結果にならないように注意したいところですが、そういえば寒さで身体が震えるのはなぜなのでしょうか？

寒さで体がガタガタと震え、歯がカチカチと音を立てる生理現象。正式名称を**「シバリング」**といいます。

シバリングは自分の意思に関係なく、**脳によって無意識に発せられる体温調整行動**です。筋肉が動くことによって体を震わせ、その結果**熱を発生させ体温を上げようとしている**、一種の防衛本能ともいえるでしょう。

オシッコをした際にブルブルと震えるのもシバリングです。放尿により急激に体温が失われてしまうので、それを回復しようとする働きなのです。

帝王切開の「帝王」って誰のこと？

temple of wisdom
No.292

逆子や骨盤の形、病気などの様々な理由により、自然分娩が難しいとされる場合に行われる帝王切開ですが、帝王とは誰かのことを指しているのでしょうか？

現在では自然分娩が難しい場合の対処として、帝王切開による出産が行われます。

しかしその昔は、出産中に母体となる母親が死んでしまった場合、止むを得ず腹部を切開して赤子を取り出しました。これが帝王切開のはじまりとされています。古くは紀元前３０００年の古代エジプトで既に行われていたとされます。

後にこの出産方法が確立されると、ラテン語で「Secitio Caesarea」と名付けられます。「Caesarea」は「切り刻む」という意味なのですが、ドイツ語に翻訳される際に誤って「Caesar（カエサル／シーザー）」と訳されてしまいました。

シーザーとは、**ローマ帝王であるジュリアス・シーザーのこと**です。この誤訳がそのまま日本語に訳され「帝王」として伝わってしまったのです。

手術のときに白衣から緑色の服に着替える理由

temple of wisdom
No.293

医者と言えば白衣のイメージが印象的です。しかしいざ手術となると、白衣で手術をしている外科医は一人も見たことがありません。なぜわざわざ緑色の服に着替えるのでしょうか？

手術中は血液や内臓など赤いものを何時間も見続けることになります。人間の目は同じ色を見続けてから白い壁などを見ると、その反対の色である「補色」が白い色の上に残像のように浮かんできてしまいます。

これが頻繁に起こるようでは目がとても疲労し

てしまいます。そのため、赤の補色である緑色の手術着を着ているのです。また、壁の色も緑系で塗られており、**残像による目の疲れを気遣っている**のです。

冷たいものを食べると頭が痛くなる原因

temple of wisdom
No.294

かき氷やアイスクリームなど、冷たいものを食べるとこめかみや前頭部にキーンとした痛みを感じます。この症状は、正式名称を**「アイスクリーム頭痛」**といいます。なんとも可愛らしいネーミングですが、そのメカニズムはどうなっているのでしょうか？

人間の口内には様々な神経が集中しています。冷たいものを口にすると、上顎にある三叉神経から脳へと伝達されます。しかし**急激に冷たいものを食べると、脳はそれを冷たさではなく「痛さ」と捉えてしまう**のです。

その上、その痛さはどこからきたものなのかを判断することができず、頭痛だろうと勘違いしてこめかみから前頭部に頭痛を引き起こすのです。

アイスクリーム頭痛を予防する方法としては、まず焦って食べないこと。一口目で口の中全体をゆっくりと冷やし、三叉神経がある上顎に接触しないように食べるのもいいとされています。

コーヒーやコーラを飲み過ぎると死ぬ

temple of wisdom No.295

コーヒーやコーラを否定しているわけではありません。これらの飲料にはカフェインが含まれていることはご存知の通りですが、**このカフェインにも致死量があるの**です。

カフェインの致死量は3〜10グラムです。死亡するに至るまでに急性中毒が引き起こされることもあります。不安や不眠などの初期症状が現れ、**重度の場合は幻覚や幻聴が起きてしまいます**。そして、10グラムまで到達してしまうと死に至ってしまうと言われています。

カフェインの中毒にはこれといって専用の薬があるわけではありません。中毒症状が引き起こされた場合は、胃洗浄などの処置が施されます。

そうなると、気になるのは飲料の含有量です。カフェインと言えばコーヒーですね。コーヒー1杯のカフェイン量は100ミリグラム程度。**一度に30〜100杯をガブ飲みしてしまうと症状が発症する**計算になります。

コーラはメーカーによって含有量が異なりますが、最も有名なメーカーでは350ミリグラムに対して45ミリグラムのカフェインが含まれています。およそ65〜220本を一気飲みしてしまうと危険信号が点滅します。

さすがにコーラは飲みきれる量ではありませんが、コーヒー30杯ならば飲めそうな気がしますので注意が必要なのかもしれません。

水よりもビールを沢山飲めるのはなぜ？

temple of wisdom
No.296

飲食店で飲み放題のプランを頼んだとき、お酒の飲めない人は同じ金額を支払うのに納得いかないのではないでしょうか。

それもそのはず。ソフトドリンクは1杯飲んでしまえば十分だからです。なぜアルコールは何杯も飲むことができるのでしょうか？

水をはじめとするソフトドリンクは、口から胃に送られ、小腸を経て大腸に到達した時点でようやく体への吸収が始まります。

一方のアルコール飲料は、胃の時点ですぐに体への吸収が始まります。アルコールには利尿作用がありますので、すぐにオシッコとして体外に排出されるのです。ビールなどの炭酸が加わったアルコールであれば、糖質や水分の吸収をさらに促してくれます。

ジュースはお腹に溜まるけど、アルコールはゴクゴクと飲めてしまうのには、こういった理由があるわけです。

汗には3種類の汗がある

temple of wisdom No.297

タイトルを見て瞬時に「冷や汗とあぶら汗と……」と思い浮かぶ人もいるかもしれませんが、それは間違いです。**冷や汗もあぶら汗も同じ種類の汗**なのです。

では発汗にはどのような違いがあるのでしょうか？　最もポピュラーな発汗は、**温熱性発汗**というものです。運動などにより生じる身体の熱を冷ますためにかく汗です。

熱いものや辛いものを食べた際に発する汗は**味覚性発汗**といいます。こちらも温熱性発汗と同様に、体温を調節するために発汗が行われます。温熱性発汗と味覚性発汗はほとんど同じようなもので、人体の230万カ所に分布する「エクリン腺」という汗腺から滲み出てきます。

そして三つ目が**精神性発汗**というもの。緊張や不安、驚いたとき、吐き気などの病気の症状が出ているときにかく汗のことです。こちらは「アポクリン腺」と呼ばれる汗腺から発汗します。冒頭で例に出した「冷や汗」と「あぶら汗」は、この精神性発汗に分類されます。

アポクリン腺は脇の下やヘソの周辺などに分布し、独特の臭いを持っています。多くの動物はこのアポクリン腺のみを持っていることが多く、その臭いはいわゆる「フェロモン」と呼ばれるものになるのです。

temple of wisdom No.298

気温30度は暑いのに水温30度は冷たい理由

夏場の気温30度となれば、汗が止まらないくらい暑く感じますが、水温30度のお風呂はぬるすぎて入っていられません。なぜ同じ30度なのにこんなにも差があるのでしょうか?

まずは、鍵となる**熱伝導**という仕組みを理解しましょう。熱伝導は、物体が移動することなく、高温側から低温側へ熱が移動する現象のことです。例えばステンレスは触るとひんやりと冷たいですが、そのまま同じ箇所に触れ続けていると、だんだんとぬるくなり冷たさを感じることがなくなります。これは熱伝導が起こり、触れている皮膚の温度が下がったためです。

熱伝導は物質によって熱の移動がされやすいか否かが決まっています。熱伝導率というものです。**水は空気に比べて遥かに熱伝導率が高いため、あっという間に体温は水温と同じ30度付近まで下がってしまいます**。このため30度のお湯はぬるく感じるのです。

一方の空気は熱伝導率が低いため、気温が30度であろうがいつまでも体温は36度付近を維持します。体温が下がることがないので、人間は暑さを感じ続けるというわけです。

食物繊維が原因で便秘が悪化することがある

temple of wisdom
No.299

便秘は女性に多くみられ、生活の上でもダイエットの面でも最も身近な悩みと言えるでしょう。「便秘にはとにかく食物繊維を多く摂ること！」と思っている方が多いと思いますが、**実はその食物繊維が原因で便秘になるケースもある**のです。

便秘には三つの種類があります。

まず、一つ目が**習慣性便秘**です。日常的に排便を我慢していると、そのうちに出したくても出せなくなる便秘のことです。

二つ目が、**弛緩《しかん》性便秘**というもの。弛緩とは「ゆるんでしまう」ことを言います。お腹に力が入らずに上手く踏ん張れず、結果的に便が出ないといった症状です。

最後の**過敏性便秘**は、ストレスが原因でなる便秘です。この便秘は腸が痙攣を起こして上手く便が運ばれず、コロコロとした便しか出てこないのが特徴的です。

紹介した三つの中で、過敏性便秘には食物繊維は逆効果です。食物繊維は消化が悪く、過敏になっている腸には悪影響。コロコロした便しか出ない場合の便秘には、とにかく消化のいい食べ物を取ることが大切です。

アボカドには食物繊維が豊富に含まれているが、食べ過ぎると便秘が悪化するおそれも。

日常生活から、便意が来たときにはトイレに行き、余計に踏ん張らずにあるがままに出すことが大切です。無理に踏ん張って力んでしまうと、それが原因で痔になってしまったり、最悪の場合は脳の血管が切れてしまうということも起こりうるそうです。

temple of wisdom No.300

人間には何本の毛が生えている？

髪の毛や眉毛、ヒゲなど、人間にはいたるところに毛が生えています。**一般的な頭髪の本数は10万本**と言われていますが、人間の体には一体どのぐらいの毛が生えていると思いますか？

結論から言うと、実は**人間の体には約５００万本もの体毛が生えています**。しかし全ての毛が体の表面にあるわけではありません。体毛にはその部位によって寿命があります。寿命が過ぎると毛は抜け落ちてしまいますが、いつでも新しい毛が生やせるように、体内で育っているのです。

実際に皮膚の表面に出ている毛は１４０万本ほどで、残りの３６０万本は体内にあります。それでも髪の毛で10万本なのに、他の箇所に１４０万本も生えているの？　と思ってしまいますが、**ほとんどがうぶ毛で見えにくいだけ**なのです。

逆に言えば、毛の生えている部分を探すよりも、足の裏や手のひらや爪の上など、毛のない部分を探す方が難しいのです。

主要参考ウェブサイト

法務省　http://www.moj.go.jp/
国土交通省　http://www.mlit.go.jp/
国土交通省　気象庁　http://www.jma.go.jp/
環境省　https://www.env.go.jp/
農林水産省（ＪＡＳ規格）http://www.maff.go.jp/
日本工業標準調査会（ＪＩＳ規格）http://www.jisc.go.jp/
独立行政法人 労働政策研究・研修機構 http://www.jil.go.jp/
NHK ONLINE　https://www.nhk.or.jp/
日本経済新聞　http://www.nikkei.com/
朝日新聞デジタル　http://www.asahi.com/
日本郵便株式会社　http://www.post.japanpost.jp/
日本テレビ　http://www.ntv.co.jp/
マイナビニュース　http://news.mynavi.jp/
マイナビウーマン　http://woman.mynavi.jp/
All About　https://allabout.co.jp/
R25　http://r25.jp/
ニチレイ　https://www.nichirei.co.jp/
ボトルリサイクル推進協議会　http://www.petbottle-rec.gr.jp/
RICOH Communication Club　http://www.rcc.ricoh-japan.co.jp/

ゼクシィキッチン　https://zexy-kitchen.net/
メルコジャパン株式会社　http://www.melco-susnet.jp/
一般社団法人 日本ガス協会　http://www.gas.or.jp/
大幸薬品株式会社　http://www.seirogan.co.jp/
旭化成ホームプロダクツ　http://www.asahi-kasei.co.jp/
TANITA　http://www.tanita.co.jp/
一般社団法人 電池工業会　http://www.baj.or.jp/
国立研究開発法人 情報通信研究機構　https://www.nict.go.jp
一般社団法人 日本記念日協会　http://www.kinenbi.gr.jp/
ベルメゾン　http://www.bellemaison.jp/
国立天文台　http://www.nao.ac.jp/
FUJITSU 富士通研究所　http://www.fujitsu.com/
株式会社キーエンス　http://www.keyence.co.jp/
ＪＡＦ一般社団法人 日本自動車連盟　http://www.jaf.or.jp/
ＪＡＬ全日空　https://www.jal.co.jp/
トーヨータイヤ　http://toyotires.jp/
エキサイト ニュース　http://www.excite.co.jp/
茨城空港　http://www.ibaraki-airport.net/
乗りものニュース　http://trafficnews.jp/
CHUBU フード機器　https://www.chubu-net.co.jp/
境田かき　http://www.sakaidakaki.com/

Dole https://www.dole.co.jp/
バナナ大学 日本バナナ輸入組合 http://www.banana.co.jp/
松戸市観光協会 http://www.matsudo-kankou.jp/
伯方塩業株式会社 http://www.hakatanoshio.co.jp/
雪印メグミルク株式会社 http://www.meg-snow.com/
日本コカ・コーラ株式会社 http://www.cocacola.co.jp/
KIRIN キリン http://www.kirin.co.jp/
伊藤園 http://www.itoen.co.jp/
LOTTE ロッテ http://www.lotte.co.jp/
一般社団法人日本アイスクリーム協会 https://www.icecream.or.jp/
カルビー株式会社 http://www.calbee.co.jp/
浪花屋製菓株式会社 http://www.naniwayaseika.co.jp/
養命酒製造株式会社 http://www.yomeishu.co.jp/
石橋製油株式会社 http://yamaishi.jp/
かどや製油株式会社 http://www.kadoya.com/
ナショナルジオグラフィック日本版 http://natgeo.nikkeibp.co.jp/
日本ハム株式会社 http://www.nipponham.co.jp/
花王株式会社 http://www.kao.co.jp/
日清ペットフード株式会社 https://www.nisshin-pet.co.jp/
一般社団法人 全国肉用牛振興基金協会 http://www.nbafa.or.jp/
学研キッズネット https://kids.gakken.co.jp

新江ノ島水族館 http://www.enosui.com/
ネイチャーテクノロジーデータベース http://www.naturetech-db.jp/
甲南大学 http://www.konan-u.ac.jp/
KINCHO 大日本除虫菊株式会社 http://www.kincho.co.jp/
キヤノン http://canon.jp/
公益財団法人 日本オリンピック委員会 http://www.joc.or.jp/
NPO法人 日本スポーツ芸術協会 http://www.sportsarts.gr.jp/
Gigazine http://gigazine.net/
JFA公益財団法人 日本サッカー協会 http://www.jfa.or.jp/
GOLF Partner http://www.golfpartner.co.jp/
TABIZINE http://tabizine.jp/
WELQ https://welq.jp/
ミナカラ https://minacolor.com/
ライブドアニュース http://news.livedoor.com/
1dp 服部先生の1週間ダイエットレシピ http://www.1dp.jp/
看護roo! https://www.kango-roo.com/

〈著者プロフィール〉

曽根翔太（そね・しょうた）
1985年新潟県生まれ。
フリーランスとしてウェブデザイナーを本業とするかたわら、雑学共有サイト「GakuSha」の運営を行う。大好きな雑学で、一人でも多くの方を「なるほど！」と思わせたい気持ちで、同ウェブサイトの運営、本著を執筆するにいたる。
GakuSha：http://gaku-sha.com

章扉神殿画像：chrisdorney / Shutterstock.com
カバー地図画像：MacDaddy / Vecteezy.com

今すぐ話したくなる知的雑学

知識の殿堂

2016年12月20日第1刷

著者　曽根翔太
発行人　山田有司
発行所　株式会社　彩図社《さいずしゃ》
〒170-0005
東京都豊島区南大塚3-24-4　MTビル
TEL 03-5985-8213　FAX 03-5985-8224
URL：http://www.saiz.co.jp
Twitter：https://twitter.com/saiz_sha
印刷所　新灯印刷株式会社

ISBN978-4-8013-0193-1　C0000

※本書は雑学共有サイト「GakuSha」の記事を元に加筆・再編集したものです。